AF275194

COLEX

Disfrute gratuitamente **DURANTE UN AÑO** del eBook de esta obra

Procedimiento administrativo común.
Paso a paso

⊗ Acceda a la página web de la editorial **www.colex.es**

⊗ Identifíquese con su usuario y contraseña. En caso de no disponer de una cuenta regístrese.

⊗ Acceda en el menú de usuario a la pestaña «Mis códigos» e introduzca el que aparece a continuación:

RASCAR PARA VISUALIZAR EL CÓDIGO

⊗ Una vez se valide el código, aparecerá una ventana de confirmación y su eBook estará disponible **durante 1 año desde su activación** en la pestaña «Mis libros» en el menú de usuario

No se admitirá la devolución si el código promocional ha sido manipulado y/o utilizado.

¡Gracias por confiar en Colex!

La obra que acaba de adquirir incluye de forma gratuita la versión electrónica. Acceda a nuestra página web para aprovechar todas las funcionalidades de las que dispone en nuestro lector.

Funcionalidades eBook

Acceso desde cualquier dispositivo

Idéntica visualización a la edición de papel

Navegación intuitiva

Tamaño del texto adaptable

Puede descargar la APP "Editorial Colex" para acceder a sus libros y a todos los códigos básicos actualizados.

Síguenos en: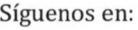

Disfrute gratuitamente **DURANTE UN AÑO** del eBook de esta obra

- ⊘ Acceda a la página web de la editorial **www.colex.es**

- ⊘ Identifíquese con su usuario y contraseña. En caso de no disponer de una cuenta regístrese.

- ⊘ Acceda en el menú de usuario a la pestaña «Mis códigos» e introduzca el que aparece a continuación:

  RASCAR PARA VISUALIZAR EL CÓDIGO

- ⊘ Una vez se valide el código, aparecerá una ventana de confirmación y su eBook estará disponible **durante 1 año desde su activación** en la pestaña «Mis libros» en el menú de usuario

No se admitirá la devolución si el código promocional ha sido manipulado y/o utilizado.

¡Gracias por confiar en Colex!

La obra que acaba de adquirir incluye de forma gratuita la versión electrónica. Acceda a nuestra página web para aprovechar todas las funcionalidades de las que dispone en nuestro lector.

Funcionalidades eBook

Acceso desde cualquier dispositivo

Idéntica visualización a la edición de papel

Navegación intuitiva

Tamaño del texto adaptable

Puede descargar la APP "Editorial Colex" para acceder a sus libros y a todos los códigos básicos actualizados.

Síguenos en: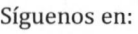

PROCEDIMIENTO ADMINISTRATIVO COMÚN

Análisis del procedimiento administrativo común en la Ley 39/2015, de 1 de octubre y en la Ley 40/2015, de 1 de octubre

PROCEDIMIENTO ADMINISTRATIVO COMÚN

Análisis del procedimiento administrativo común en la Ley 39/2015, de 1 de octubre y en la Ley 40/2015, de 1 de octubre

3.º EDICIÓN 2024

Obra realizada por el Departamento de Documentación de Iberley

COLEX 2024

© Editorial Colex, S.L.
Calle Costa Rica, número 5, 3.º B (local comercial)
A Coruña, 15004, A Coruña (Galicia)
info@colex.es
www.colex.es

I.S.B.N.: 978-84-1194-281-2
Depósito legal: C 139-2024

SUMARIO

ANEXO I.
CASOS PRÁCTICOS

ANEXO II.
FORMULARIOS

1
EL PROCEDIMIENTO ADMINISTRATIVO COMÚN

El procedimiento administrativo común en la LPACAP

El procedimiento administrativo común lo encontramos regulado en los artículos 53 a 105 del título IV de la Ley 39/2015, de 1 de octubre, del Procedimiento Administrativo Común de las Administraciones Públicas (LPACAP).

El procedimiento administrativo es entendido como «el conjunto ordenado de trámites y actuaciones formalmente realizadas, según el cauce legalmente previsto, para dictar un acto administrativo o expresar la voluntad de la Administración» (fundamento II de la exposición de motivos de la Ley 39/2015, de 1 de octubre). Tal y como se establece en el artículo 149.1.18.ª de la Constitución Española, el Estado tiene atribuida, entre otros aspectos, la competencia para regular el procedimiento administrativo común sin perjuicio de las especialidades derivadas de la organización propia de las comunidades autónomas, así como el sistema de responsabilidad de todas las Administraciones públicas.

Al igual que sucede en los procesos judiciales, el procedimiento administrativo común cuenta con una serie de garantías para proteger al interesado, que se recogen en el capítulo I, título IV, artículo 53 de la LPACAP.

El título IV, relativo al procedimiento administrativo común se estructura en siete capítulos. Este título incorpora a las fases de **iniciación, ordenación, instrucción y finalización del procedimiento** el uso generalizado y obligatorio de medios electrónicos. Asimismo, se incorpora la regulación del expediente administrativo estableciendo su formato electrónico y los documentos que deben integrarlo.

Como novedades de este título, podemos mencionar la integración de los procedimientos sobre potestad sancionadora y responsabilidad patrimonial como «especialidades del procedimiento»; así como, la incorporación de un nuevo capítulo relativo a la **tramitación simplificada** del procedimiento administrativo común.

Por tanto, la estructura del título IV de la Ley 39/2015, de 1 de octubre, es la siguiente:

CAPÍTULO I	Garantías del procedimiento
CAPÍTULO II	Iniciación del procedimiento
CAPÍTULO III	Ordenación del procedimiento
CAPÍTULO IV	Instrucción del procedimiento
CAPÍTULO V	Finalización del procedimiento
CAPÍTULO VI	De la tramitación simplificada del procedimiento administrativo común
CAPÍTULO VII	Ejecución

¿Cuáles son los derechos del interesado en el procedimiento administrativo?

Los derechos del interesado en el procedimiento administrativo vienen regulados en el artículo 53 de la Ley 39/2015, de 1 de octubre.

Resulta interesante subrayar la diferenciación de derechos que realiza la Ley 39/2015, de 1 de octubre, entre las personas en sus relaciones con las Administraciones públicas y aquellas que tienen la condición de «interesado».

Por un lado, el artículo 13 de la LPACAP se encarga de regular los derechos que corresponden a todas las personas en sus relaciones con la Administración; y, por otro lado, los derechos del «interesado», que es aquel que forma parte de un procedimiento administrativo y que cuenta con una serie de derechos en el mismo, vienen establecidos en el artículo 53 de la LPACAP.

Por lo tanto, en ambas situaciones, tanto la persona como el interesado en sus relaciones con la Administración, van a contar con una esfera de derechos que se verá ampliada en el segundo caso.

A continuación, vamos a enumerar los derechos que corresponden al **interesado** en el procedimiento administrativo:

1. **Derechos de información con respecto a la tramitación del procedimiento [art. 53.1. a) de la LPACAP].** Lo que se pretende es que los interesados puedan conocer el estado del procedimiento en todos sus momentos, así como la forma y el modo en el que están siendo tramitados.

2. A identificar a las autoridades y al personal al servicio de las Administraciones públicas bajo cuya responsabilidad se tramiten los procedimientos [art. 53.1.b) de la LPACAP].

3. **Derecho a no presentar documentos originales [art. 53.1.c) de la LPACAP].** Viene a reiterar lo ya establecido con anterioridad en el artículo 28.3 de la LPACAP. Se contempla la excepción de aquellos supuestos en los que pueda requerirse documento original por la norma

reguladora de cada procedimiento, otorgándose en tal caso, el derecho de obtener una copia autenticada del mismo bajo los términos del artículo 27 de la LPACAP.

4. **Derecho a no presentar datos y documentos no exigidos [art. 53.1.d) de la LPACAP].** En este caso, la diferencia que existe entre la Ley 39/2015, de 1 de octubre, y la Ley 30/1992, de 26 de noviembre, es que los documentos o datos requeridos no deberán ser presentados de nuevo siempre que consten ya en los archivos de la Administración, independientemente de que la Administración pública «actuante» sea o no la misma que lo posee.

5. **Derecho a formular alegaciones y a utilizar los medios de defensa [art. 53.1.e) de la LPACAP].** Básicamente, viene a recordarnos que tenemos la posibilidad de formular alegaciones en cualquier fase del procedimiento anterior al trámite de audiencia, así como aportar datos y documentos a la instrucción (art. 76.1 de la LPACAP) así como al término de la instrucción (art. 82 de la LPACAP), con la excepción de los procedimientos sancionadores (art. 89.2 de la LPACAP) en los que deberán realizarse las alegaciones tras la propuesta de la resolución.

6. **Derecho a obtener información y a realizar consultas a la Administración [art. 53.1.f) de la LPACAP].** Se reconoce el derecho a recabar la información y a resolver las dudas que puedan surgir de cara a la presentación de una solicitud o la preparación de un procedimiento futuro.

7. **Derecho a la asistencia jurídica [art. 53.1.g) de la LPACAP].** La Ley 1/1996, de 10 de enero, de asistencia jurídica gratuita, en el artículo 1.III, amplía su aplicación «a la vía administrativa previa»; eso sí, «cuando así se establezca en la legislación específica» (véanse también los arts. 2.e) y 21 de la Ley 1/1996, de 10 de enero).

8. **Derecho a cumplir las obligaciones de pago a través de los medios electrónicos previstos en el artículo 98.2 de la LPACAP [art. 53.1.h) de la LPACAP].** La excepción es que se justifique la imposibilidad de hacerlo.

9. **Cualesquiera otros que les reconozcan la Constitución y las leyes [art. 53.1.i) de la LPACAP].**

Por último, el artículo 53.2 de la LPACAP hace referencia a los **derechos específicos** que corresponden a los interesados en un **procedimiento sancionador:**

a) A ser notificado de los hechos que se le imputen, de las infracciones que tales hechos puedan constituir y de las sanciones que, en su caso, se les pudieran imponer, así como de la identidad del instructor, de la autoridad competente para imponer la sanción y de la norma que atribuya tal competencia.

b) A la presunción de no existencia de responsabilidad administrativa mientras no se demuestre lo contrario.

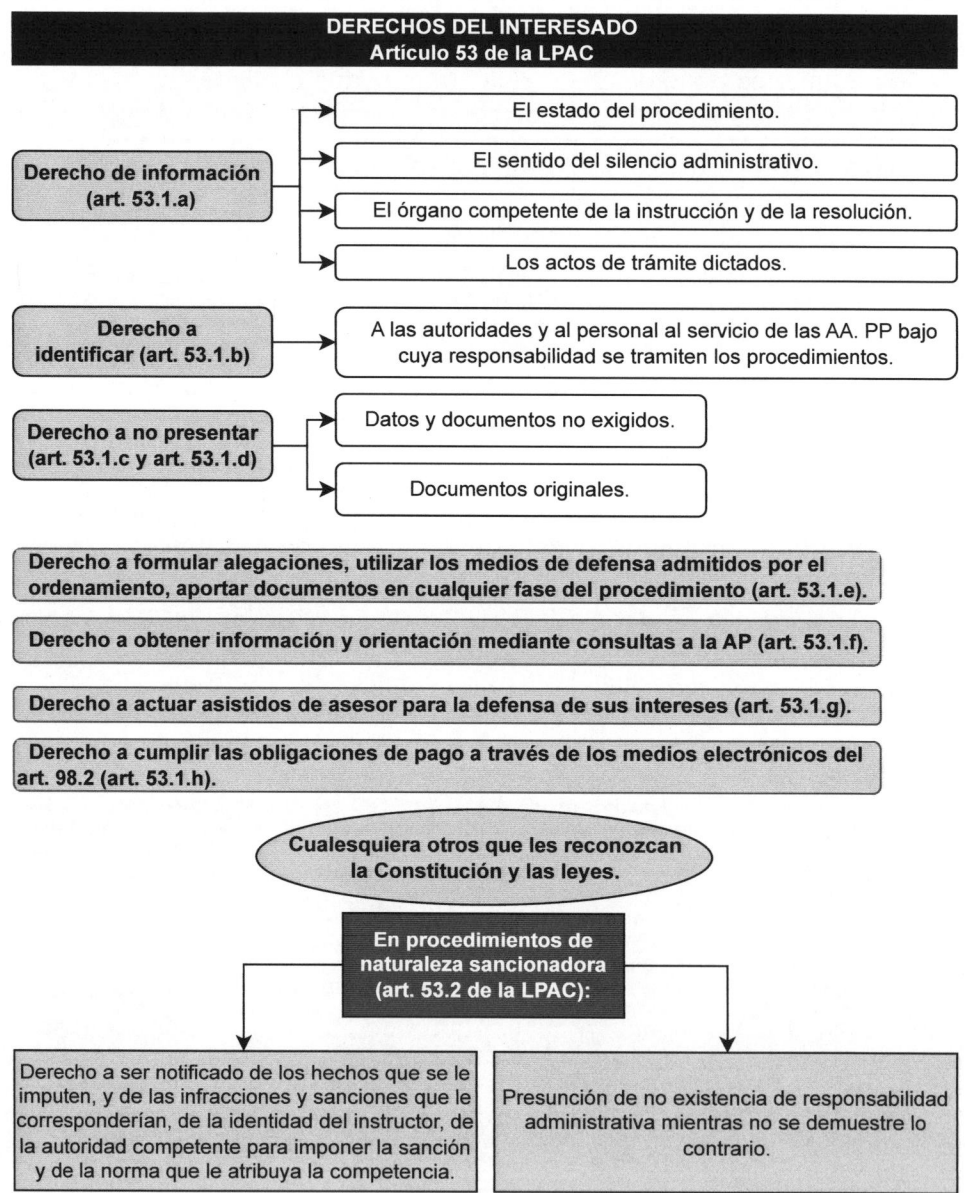

DERECHOS DEL INTERESADO
Artículo 53 de la LPAC

Derecho de información (art. 53.1.a)
- El estado del procedimiento.
- El sentido del silencio administrativo.
- El órgano competente de la instrucción y de la resolución.
- Los actos de trámite dictados.

Derecho a identificar (art. 53.1.b)
- A las autoridades y al personal al servicio de las AA. PP bajo cuya responsabilidad se tramiten los procedimientos.

Derecho a no presentar (art. 53.1.c y art. 53.1.d)
- Datos y documentos no exigidos.
- Documentos originales.

Derecho a formular alegaciones, utilizar los medios de defensa admitidos por el ordenamiento, aportar documentos en cualquier fase del procedimiento (art. 53.1.e).

Derecho a obtener información y orientación mediante consultas a la AP (art. 53.1.f).

Derecho a actuar asistidos de asesor para la defensa de sus intereses (art. 53.1.g).

Derecho a cumplir las obligaciones de pago a través de los medios electrónicos del art. 98.2 (art. 53.1.h).

Cualesquiera otros que les reconozcan la Constitución y las leyes.

En procedimientos de naturaleza sancionadora (art. 53.2 de la LPAC):

Derecho a ser notificado de los hechos que se le imputen, y de las infracciones y sanciones que le corresponderían, de la identidad del instructor, de la autoridad competente para imponer la sanción y de la norma que le atribuya la competencia.

Presunción de no existencia de responsabilidad administrativa mientras no se demuestre lo contrario.

2
INICIACIÓN DEL PROCEDIMIENTO ADMINISTRATIVO

Regulación del inicio del procedimiento administrativo según la LPACAP

La iniciación del procedimiento administrativo se encuentra regulada en los artículos 54 a 69 de la Ley 39/2015, de 1 de octubre, y se dividen en las siguientes secciones:

- Sección 1.ª, relativa a las **disposiciones generales** de la iniciación del procedimiento administrativo (arts. 54 a 57 de la LPACAP): clases de iniciación, información y actuaciones previas, medidas provisionales y la acumulación.

- Sección 2.ª, referida a los **procedimientos iniciados de oficio por la Administración** (arts. 58 a 65 de la LPACAP).

- Sección 3.ª, que versa sobre el **inicio del procedimiento a solicitud del interesado** (arts. 66 a 69 de la LPACAP).

2.1. Cuestiones generales: clases de iniciación, actuaciones previas, medidas provisionales y acumulación de procedimientos

Disposiciones generales y formas de iniciar el procedimiento administrativo

Iniciación del procedimiento administrativo de oficio o a solicitud del interesado

En primer lugar, el artículo 54 de la LPAC establece las clases de iniciación: «Los procedimientos podrán iniciarse de oficio o a solicitud del interesado».

CUESTIONES

1. ¿Qué se entiende por procedimiento administrativo iniciado de oficio?

Tal y como se define en el *Diccionario panhispánico del español jurídico* de la RAE el procedimiento administrativo iniciado de oficio es aquel *«Procedimiento administrativo cuya iniciación se produce mediante una decisión de la propia administración actuante adoptada por motivos de interés público, tanto si la iniciativa en tal sentido ha sido autónoma de la propia Administración como si su celo ha sido excitado en virtud de una previa denuncia o solicitud presentada por un tercero».*

2. ¿Qué se entiende por procedimiento administrativo iniciado a instancia del interesado?

En este caso el *DEJ RAE* nos da la siguiente definición: «Procedimiento administrativo cuya iniciación se produce por petición de una persona física o jurídica, distinta de la administración actuante y que tiene un interés legítimo en que se incoe».

Los artículos 55 y 56 de la LPAC hacen referencia tanto al período de información o actuaciones previas que pueden ser realizadas antes de iniciar el procedimiento, como a las medidas provisionales que puedan adoptarse por parte del órgano administrativo competente en caso de considerarlo oportuno.

Actuaciones previas a la iniciación del procedimiento administrativo

La finalidad de estas actuaciones previas será conocer las circunstancias del caso concreto y la conveniencia o no de iniciar el procedimiento, y en el caso de procedimientos sancionadores se orientarán a determinar los hechos susceptibles de motivar la incoación del procedimiento, la identificación de la persona o personas que pudieran resultar responsables, y las circunstancias relevantes que concurran.

El artículo 55.2 de la LPAC establece que «(...) serán realizadas por los órganos que tengan atribuidas funciones de investigación, averiguación e inspección en la materia y, en defecto de estos, por la persona u órgano administrativo que se determine por el órgano competente para la iniciación o resolución del procedimiento».

Es importante señalar, respecto de la apertura del trámite de información previa, que su duración no computará a efectos de caducidad en el procedimiento administrativo sancionador. Así es como los tribunales lo interpretan y en este sentido la **sentencia del Tribunal Supremo, rec. 3987/2008, de 13 de octubre de 2011, ECLI:ES:TS:2011:6790**, señala:

«(...) una vez realizadas esas actuaciones previas, el tiempo que tarde la Administración en acordar la incoación del procedimiento (...) podrá tener las consecuencias que procedan en cuanto al cómputo de la prescripción (extinción del derecho); pero no puede ser tomado en consideración a efectos de la caducidad, pues esta figura lo que pretende es asegurar que una vez iniciado el procedimiento la Administración no sobrepase el plazo de que dispone para resolver (...)».

En la misma línea se pronuncia la sentencia del Tribunal Superior de Justicia de Galicia n.º 705/2016, de 30 de noviembre, ECLI:ES:TSJGAL:2016:8623: «(...) la demora de la Administración en esta fase no tendría consecuencias a los efectos de la caducidad de dicho procedimiento, (...)».

Asimismo, resulta interesante la **sentencia del Tribunal Supremo n.º 1228/2023, de 5 de octubre, ECLI:ES:TS:2023:4086**, conforme a la cual:

> «(...) no cabe ahora sino reiterar el criterio jurisprudencial anteriormente fijado por la Sala, en el sentido de considerar que un expediente de derivación de responsabilidad tiene su origen en el acuerdo de incoación del mismo, a lo que no obstan las actuaciones previas de carácter informativo, aunque en ellas se soliciten informes al amparo de lo previsto en el artículo 79 de la Ley de Procedimiento Administrativo Común de las Administraciones Públicas (Ley 39/2015, de 1 de octubre), (...). Dicho acuerdo de incoación del procedimiento de derivación de responsabilidad es por tanto el determinante para el cómputo del plazo de caducidad que sea de aplicación».

Medidas provisionales acordadas antes y durante el procedimiento administrativo

En primer lugar, y antes de entrar en detalle, es necesario indicar que las medidas provisionales pueden acordarse en diferentes momentos del procedimiento, incluso podrán ser acordadas antes de la iniciación del procedimiento.

Antes de la iniciación del procedimiento (artículo 56.2 de la LPAC):

> «Antes de la iniciación del procedimiento administrativo, el órgano competente para iniciar o instruir el procedimiento, de oficio o a instancia de parte, en los casos de **urgencia inaplazable** y para la protección provisional de los intereses implicados, podrá adoptar de forma motivada las medidas provisionales que resulten necesarias y proporcionadas. Las medidas provisionales deberán ser confirmadas, modificadas o levantadas en el **acuerdo de iniciación del procedimiento**, que deberá efectuarse dentro de los quince días siguientes a su adopción, el cual podrá ser objeto del recurso que proceda.
>
> En todo caso, dichas medidas quedarán sin efecto si no se inicia el procedimiento en dicho plazo o cuando el acuerdo de iniciación no contenga un pronunciamiento expreso acerca de las mismas».

Iniciado el procedimiento (artículo 56.1 de la LPAC):

> «Iniciado el procedimiento, el órgano administrativo competente para resolver, podrá adoptar, de oficio o a instancia de parte y de forma motivada, las medidas provisionales que estime oportunas para asegurar la eficacia de la resolución que pudiera recaer, si existiesen elementos de juicio suficientes para ello, de acuerdo con los principios de proporcionalidad, efectividad y menor onerosidad».

Las **medidas** que pueden adoptarse vienen previstas en el artículo **56.3 de la LPAC** y son las siguientes:

«a) Suspensión temporal de actividades.

b) Prestación de fianzas.

c) Retirada o intervención de bienes productivos o suspensión temporal de servicios por razones de sanidad, higiene o seguridad, el cierre temporal del establecimiento por estas u otras causas previstas en la normativa reguladora aplicable.

d) Embargo preventivo de bienes, rentas y cosas fungibles computables en metálico por aplicación de precios ciertos.

e) El depósito, retención o inmovilización de cosa mueble.

f) La intervención y depósito de ingresos obtenidos mediante una actividad que se considere ilícita y cuya prohibición o cesación se pretenda.

g) Consignación o constitución de depósito de las cantidades que se reclamen.

h) La retención de ingresos a cuenta que deban abonar las Administraciones Públicas.

i) Aquellas otras medidas que, para la protección de los derechos de los interesados, prevean expresamente las leyes, o que se estimen necesarias para asegurar la efectividad de la resolución».

La adopción de las mencionadas medidas puede tener como objeto diferentes finalidades, entre ellas, garantizar la eficacia de la resolución, los intereses implicados o los derechos de los interesados. Deberá ser el órgano administrativo competente, de oficio o a instancia de parte, quien de forma motivada las estime, teniendo siempre presentes los principios de proporcionalidad, efectividad y menor onerosidad.

Sin embargo, la adopción de estas medidas no es libre, sino que encuentra su límite en el artículo 56.4 de la LPAC. Esta norma determina que las medidas interpuestas no podrán causar perjuicio de **difícil o imposible reparación** ni implicar la **violación de cualquier derecho** amparado por una ley.

Las medidas podrán ser alzadas o modificadas durante el procedimiento, de oficio o a instancia de parte, cuando se den **circunstancias sobrevenidas** o que no hubieran podido tenerse en cuenta en el momento en el que fueron adoptadas, tal y como indica el artículo 56 en su apartado 5.

Cabe destacar que las medidas provisionales o cautelares adoptadas durante la tramitación de un procedimiento disciplinario se extinguen, en todo caso, con la **eficacia de la resolución** que ponga fin al procedimiento correspondiente.

‖ Acumulación de procedimientos administrativos

Por último, el **artículo 57 de la LPAC** regula la posibilidad de que el órgano administrativo disponga, de oficio o a instancia de parte, la **acumulación a otros procedimientos** con los que «guarde identidad sustancial o íntima conexión, siempre que sea el mismo órgano quien deba tramitar y resolver el procedimiento». Contra el acuerdo de acumulación no cabe recurso alguno. Es importante destacar que la decisión de acumular los procedimientos, tal y como se establece en el fundamento 3.º de la sentencia del TSJ de Madrid n.º 446/2019, de 3 de junio, ECLI:ES:TSJM:2019:4375, «(...) se contempla como una facultad administrativa, y no como una obligación, la posibilidad de acumular los procedimientos que guarden entre sí identidad sustancial o intima conexión (...)».

También la sentencia del TSJ de Murcia n.º 568/2021, de 8 de noviembre, ECLI:ES:TSJMU:2021:2089, se pronuncia en el mismo sentido, entendiendo que la acumulación es una decisión discrecional de la Administración, y de que dicha decisión corresponde al órgano con competencia para decidir:

> «En este sentido, la jurisprudencia ya entendía que la decisión de acumular es discrecional y que el órgano que disponga la acumulación debe tener competencia para decidir sobre las materias a las que se refieren los procedimientos acumulados, hablando a tal efecto de "órgano con competencia más específica" (cf. sentencia Tribunal Supremo de 26 de diciembre de 1989) no siendo aplicable al presente procedimiento al ser el órgano decisorio distinto del tramitador».

Por lo tanto, corresponde a la autoridad competente la última palabra respecto a la decisión de acumular o no los procedimientos.

2.2. Iniciación de oficio

Iniciación del procedimiento de oficio por la Administración

Los procedimientos iniciados de oficio por la Administración (artículo 58 de la LPAC) se llevarán a cabo por acuerdo del órgano competente de alguna de las formas siguientes:

- **Por propia iniciativa** (artículo 59 de la LPAC). Se da en aquellos casos en los que existe «conocimiento directo o indirecto de las circunstancias, conductas o hechos objeto del procedimiento por el órgano que tiene atribuida la competencia de iniciación».

- **Por orden superior** (artículo 60 de la LPAC). Se da cuando la orden la emite un órgano administrativo superior jerárquico del competente para iniciar el procedimiento. En los procedimientos de naturaleza sancionadora será necesario indicar, en la medida de lo posible, quiénes son las personas responsables, cuál es la infracción cometida, así como el lugar y la fecha de los hechos.

- **Por petición razonada de otros órganos** (artículo 61 de la LPAC). Cuando la propuesta de iniciación del procedimiento se formula por petición razonada de cualquier órgano administrativo que no tiene competencia para iniciar el mismo y ha tenido conocimiento de las circunstancias, conductas o hechos del procedimiento.

- **Por denuncia** (artículo 62 de la LPAC). En dicho artículo, se establecen cuáles son los requisitos que han de darse para la interposición de una denuncia. Es importante indicar que en el procedimiento administrativo se rechaza expresamente el carácter anónimo de las mismas.

CUESTIONES

1. ¿Qué se entiende por denuncia?

Conforme al artículo 62.1 de la LPAC, la denuncia es el acto por el que cualquier persona, cumpliendo o no una obligación legal, pone en conocimiento de un órgano administrativo la existencia de un determinado hecho que pueda justificar que se inicie de oficio el procedimiento administrativo.

2. Una persona presenta una denuncia ¿este hecho la convierte en interesado en el procedimiento?

No, el hecho de presentar una denuncia, por sí solo, no otorga la condición de interesado en el procedimiento a la persona que la presenta (artículo 62.5 de la LPAC).

Respecto a las novedades de la vigente ley de procedimiento administrativo respecto a la anterior, hay que hacer mención de las especialidades que pueden darse en el procedimiento administrativo común (artículos 63 a 65 de la LPAC). Cabe diferenciar, por un lado, los procedimientos de carácter sancionador y, por otro, los procedimientos de responsabilidad patrimonial.

a) Procedimientos de carácter sancionador

En cuanto a los **procedimientos de carácter sancionador**, se iniciarán **siempre** de oficio y se diferenciará entre la fase instructora y la sancionadora, ya que estará encomendada a órganos distintos. El acuerdo de iniciación se comunicará al instructor del procedimiento y deberá cumplir con lo establecido en el artículo 64.2 de la LPAC.

En este aspecto, es importante destacar la jurisprudencia sobre el procedimiento sancionador en relación con los procedimientos de liquidación tributaria. Por ejemplo, la **sentencia del Tribunal Supremo n.º 1075/2020, de 23 de julio, ECLI:ES:TS:2020:2687, fija como criterio interpretativo** que no existe ninguna norma que impida que el procedimiento sancionador comience con anterioridad a que se produzca la notificación de la infracción a la persona (física o jurídica) acusada de cometerla. Se diferencia entre el procedimiento sancionador y el procedimiento de liquidación de la sanción, advirtiendo que «la vigente redacción del artículo 211.2 de la LGT establecida por la Ley 34/2015, de 21 de septiembre, carecería de sentido si se considerase que los procedimientos sancionadores deben iniciarse una vez practicada la correspondiente liquidación tributaria». En opinión del abogado del Estado, «"la notificación conjunta de liquidación y sanción cuando se siguen procedimientos separados no menoscaba las garantías del administrado, ni convierte la separación de procedimiento en una separación puramente aparente y formal", dado que el "momento en que se inicia el procedimiento (y el momento en que se notifica el acuerdo sancionador), no impide que se reconozcan al obligado tributario todos los derechos que corresponden al presunto infractor"».

Concluye la sentencia:

> «Ni el artículo 209.2 LGT, ni ninguna otra norma legal o reglamentaria, interpretada conforme a los criterios del artículo 12 LGT, establecen un plazo mínimo para iniciar el procedimiento sancionador, pudiendo inferirse del artículo 25 RGRST que dicho inicio puede producirse antes de que se le haya notificado a la persona o entidad acusada de cometer la infracción la liquidación tributaria de la que trae causa el procedimiento punitivo, lo que resulta perfectamente compatible con las garantías del artículo 24.2 CE, y, en particular, con los derechos a ser informados de la acusación y a la defensa.
>
> (...)
>
> a) Que el artículo 209.2 LGT no establece -para ningún tipo de infracción tributaria- que el procedimiento sancionador solo pueda instruirse después de que se haya dictado la liquidación de la que trae causa.
>
> b) Que la notificación de la liquidación no constituye, por tanto, el límite mínimo para iniciar el procedimiento sancionador.
>
> c) Que en las infracciones que causan perjuicio para la recaudación, la liquidación constituye, ciertamente, presupuesto imprescindible para que tenga lugar la sanción tributaria (o, más precisamente, para que se dicte la resolución sancionadora), pero eso es algo distinto de que resulte legalmente necesario que tal liquidación se haya dictado y notificado antes del inicio del procedimiento tributario sancionador».

Por todo ello, se entiende que concurrirán dos procedimientos, el sancionador y el relativo a la liquidación, referentes a una misma sanción, contando en ambos procedimientos con los derechos que correspondan a la especialidad del procedimiento.

b) Procedimientos de responsabilidad patrimonial de las Administraciones públicas

Se encuentra regulado en el artículo 65 de la Ley 39/2015, de 1 de octubre.

La responsabilidad patrimonial de las Administraciones públicas encuentra su fundamento constitucional en el artículo 106.2 de la Constitución Española:

> «Los particulares, en los términos establecidos por la ley, tendrán derecho a ser indemnizados por toda lesión que sufran en cualquiera de sus bienes y derechos, salvo en los casos de fuerza mayor, siempre que la lesión sea consecuencia del funcionamiento de los servicios públicos».

A su vez, el artículo 65 de la Ley 39/2015, de 1 de octubre, indica que, para poder exigirla, será necesario que no haya prescrito el derecho a la reclamación del interesado al que se refiere el artículo 67 de la Ley 39/2015, de 1 de octubre. La LPAC hace una breve mención a este procedimiento por ser una especialidad del procedimiento administrativo común, pero se desarrolla de manera detallada en el capítulo IV del título preliminar de la Ley 40/2015, de 1 de octubre, de Régimen Jurídico del Sector Público (LRJSP), artículos 32 a 37: «De la responsabilidad patrimonial de las Administraciones públicas».

En el mencionado capítulo IV, se desarrollan las diferentes responsabilidades en las que pueden verse inmersas las distintas Administraciones, así como el proceso de resarcimiento con el que cuentan.

Tanto el procedimiento sancionador como el procedimiento de responsabilidad patrimonial de las Administraciones públicas serán analizados en profundidad más adelante, ya que forman parte del bloque dedicado a la «Tramitación simplificada del procedimiento administrativo común».

2.3. Iniciación a solicitud del interesado

Inicio del procedimiento administrativo a solicitud del interesado

La iniciación del procedimiento administrativo a solicitud del interesado (artículos 66 a 69 de la LPAC) podrá llevarse a cabo de dos maneras distintas: bien mediante una solicitud de iniciación o bien mediante una declaración responsable y comunicación.

|| Solicitud de iniciación del procedimiento administrativo

La solicitud de iniciación del procedimiento es necesario que incluya los datos enumerados en el artículo 66.1 de la LPAC:

«a) Nombre y apellidos del interesado y, en su caso, de la persona que lo represente.

b) Identificación del medio electrónico, o en su defecto, lugar físico en que desea que se practique la notificación. Adicionalmente, los interesados podrán aportar su dirección de correo electrónico y/o dispositivo electrónico con el fin de que las Administraciones públicas les avisen del envío o puesta a disposición de la notificación.

c) Hechos, razones y petición en que se concrete, con toda claridad, la solicitud.

d) Lugar y fecha.

e) Firma del solicitante o acreditación de la autenticidad de su voluntad expresada por cualquier medio.

f) Órgano, centro o unidad administrativa a la que se dirige y su correspondiente código de identificación».

Asimismo, se contempla la posibilidad de formular una única solicitud cuando las pretensiones correspondan a una pluralidad de personas y tengan un contenido idéntico o sustancialmente similar, salvo que las normas reguladoras dispongan otra cosa.

En los casos en los que la solicitud pretenda iniciar un procedimiento de **responsabilidad patrimonial**, el artículo 67 de la LPAC prevé ciertas particularidades, fundamentalmente, será necesario que el derecho a reclamar de

2. INICIACIÓN DEL PROCEDIMIENTO ADMINISTRATIVO

los interesados no haya prescrito. **¿Cuál será el plazo de prescripción de dicho derecho?** Será de un año. En cuanto al cómputo de este plazo cabe señalar las siguientes reglas:

- **Regla general:** prescripción al año de producido el hecho o el acto que motive la indemnización o se manifieste su efecto lesivo.

- **Daños de carácter físico o psíquico a las personas:** comienza el plazo desde la curación o la determinación de las secuelas.

- **Derecho a indemnización por anulación en vía administrativa o contencioso-administrativa de un acto o disposición de carácter general:** prescripción al año de la notificación de la resolución administrativa o la sentencia definitiva.

- Cuando la **lesión sea consecuencia de la aplicación de una norma con rango de ley declarada** inconstitucional (art. 32.4 de la LRJSP) o **de una norma declarada contraria al derecho de la Unión Europea** (art. 32.5 de la LRJSP): prescripción al año de la publicación en el BOE o en el DOUE, respectivamente, de la sentencia que declare la inconstitucionalidad de la norma o su carácter contrario al derecho de la UE.

En este sentido, la STS n.º 876/2020, de 25 de junio, ECLI:ES:TS:2020:2353, en su fundamento 4.º, referido a la responsabilidad patrimonial a consecuencia de la aplicación de una norma con **rango de ley** declarada inconstitucional, determina que:

> «(...) se podrá reclamar, también en el plazo de un año desde la publicación de la sentencia del TC, siempre que el daño indemnizable se haya producido "en el plazo de los cinco años anteriores" a la publicación de la STC declarando la inconstitucionalidad de la norma que fue aplicada en su momento, artículo 34.1 Ley 40/2015. Y con arreglo al artículo 32.4 de la misma Ley, "si la lesión es consecuencia de la aplicación de una norma con rango de ley declarada inconstitucional, procederá su indemnización cuando el particular haya obtenido, en cualquier instancia, sentencia firme desestimatoria de un recurso contra la actuación administrativa que ocasionó el daño, siempre que se hubiera alegado la inconstitucionalidad posteriormente declarada"
>
> (...)
>
> El momento en el que se entiende que se ha producido un daño indemnizable por responsabilidad patrimonial del Estado Legislador, artículos 32.4 y 34.1 Ley 40/2015, es la fecha de la sentencia firme desestimatoria de un recurso, en cualquier instancia, contra la actuación administrativa que ocasionó el daño, siempre que se hubiera alegado en el recurso la inconstitucionalidad declarada. Y dicha sentencia debe haberse dictado y notificado dentro del plazo de los cinco años anteriores a la publicación en el BOE de la sentencia del Tribunal Constitucional declarando la inconstitucionalidad de la norma aplicada».

Por su parte, la STS n.º 1747/2022, de 22 de diciembre, ECLI:ES:TS:2022:4849, dispone:

> «Se mantiene, pues, el plazo general de prescripción de la acción de responsabilidad patrimonial, plazo que según reiterada jurisprudencia y como se-

ñala la citada sentencia de 13 de junio de 2000 (casación 567/98), "comienza a computarse a partir del momento en que se completan los elementos fácticos y jurídicos que permiten el ejercicio de la acción, con arreglo a la doctrina de la 'actio nata' o nacimiento de la acción. Resulta evidente que el momento inicial del cómputo, en el caso contemplado, no puede ser sino el de la publicación de la sentencia del Tribunal Constitucional que, al declarar la nulidad de la ley por estimarla contraria a la Constitución, permite por primera vez tener conocimiento pleno de los elementos que integran la pretensión indemnizatoria y, por consiguiente, hacen posible el ejercicio de la acción. En consecuencia, es dicha publicación la que determina el inicio del citado plazo específicamente establecido por la ley para la reclamación por responsabilidad patrimonial"».

Asimismo, los interesados en la solicitud de inicio del procedimiento de responsabilidad patrimonial deben concretar: las lesiones producidas, la presunta relación de causalidad entre estas y el funcionamiento del servicio público, la evaluación económica de la responsabilidad patrimonial, si fuera posible, y el momento en que la lesión efectivamente se produjo. Igualmente, la solicitud se acompañará de cuantas alegaciones, documentos e informaciones se estimen oportunos y de la proposición de prueba, especificando los medios de que van a valerse (artículo 67.2 de la LPAC).

En lo que respecta a la **subsanación o mejora de la solicitud** (art. 68 de la LPAC), en el caso de que no reúna los requisitos establecidos, el interesado contará con un plazo de 10 días para subsanar; requerimiento que realizará la Administración con advertencia de que, en caso de no atenderlo, se le tendrá por desistido de la petición.

Siempre que no se deba a un procedimiento selectivo o de concurrencia competitiva, el plazo podría ampliarse hasta 5 días más, a petición del interesado o a iniciativa del órgano en caso de que la aportación de los documentos requeridos presente dificultades especiales.

CUESTIÓN

La Administración requiere al reclamante para que presente un certificado médico del hospital en el que estuvo ingresado a fin de continuar con el procedimiento administrativo de responsabilidad patrimonial que se ha iniciado, pero le supone una dificultad especial ya que no dispone de él. ¿Podría el reclamante solicitar la ampliación del plazo de subsanación?

  a) Sí, hasta 10 días.
  b) No, dado que la LPAC prevé la ampliación del plazo de subsanación únicamente para los procedimientos tramitados en el extranjero.
  c) Sí, hasta 5 días.
  d) No, la ampliación del plazo de subsanación solo puede hacerse en procedimientos selectivos o de concurrencia competitiva.

La respuesta correcta es la C ya que, como indica el artículo 68 de la LPAC, el plazo de subsanación con el que cuentan los interesados es de 10 días, pudiéndose ampliar hasta 5 días cuando la aportación de los documentos requeridos presente dificultades especiales.

Asimismo, indica el artículo 32 de la Ley 39/2015, de 1 de octubre, que los plazos podrán ser ampliados con el límite de que dicha ampliación no podrá exceder de la mitad de los mismos.

|| Declaración responsable y comunicación

El artículo 69 de la LPAC define estos dos conceptos en términos similares a los previstos en el Diccionario del español jurídico de la RAE y el CGPJ.

Entonces, **¿qué se entiende por declaración responsable?** Se trata del «(...) documento suscrito por un interesado en el que éste manifiesta, bajo su responsabilidad, que cumple con los requisitos establecidos en la normativa vigente para obtener el reconocimiento de un derecho o facultad o para su ejercicio, que dispone de la documentación que así lo acredita, que la pondrá a disposición de la Administración cuando le sea requerida, y que se compromete a mantener el cumplimiento de las anteriores obligaciones durante el período de tiempo inherente a dicho reconocimiento o ejercicio».

¿Y por comunicación? Será «(...) aquel documento mediante el que los interesados ponen en conocimiento de la Administración Pública competente sus datos identificativos o cualquier otro dato relevante para el inicio de una actividad o el ejercicio de un derecho».

Tanto la declaración responsable como la comunicación permiten desde su presentación el reconocimiento o ejercicio de un derecho o bien el inicio de actividad. No obstante, no podrán exigirse acumulativamente respecto de una misma actividad o de un mismo derecho.

El artículo 69.4 de la LPAC hace referencia a aquellos casos en los que se dé inexactitud, falsedad u omisión, de carácter esencial, de cualquier dato o información que se incorpore a una declaración responsable o a una comunicación, o a la no presentación ante la Administración competente de la declaración responsable en los que se determinará la imposibilidad de continuar con el ejercicio del derecho o actividad desde que consten los hechos y sin perjuicio de las responsabilidades penales, civiles o administrativas que procedan.

A TENER EN CUENTA. El artículo 9 relativo a «Obligaciones generales» de la Ley 21/2013, de 9 de diciembre, de evaluación ambiental, establece que aquellos proyectos que puedan llegar a tener efectos significativos en el medio ambiente requerirán, con carácter previo a su autorización, de una evaluación ambiental estratégica y una evaluación de impacto ambiental; o, en su defecto, de **una declaración responsable o una comunicación previa**. Ejemplo de ello es la sentencia del Juzgado de lo Contencioso-Administrativo de Palencia n.º 37/2020, de 4 de marzo, ECLI:ES:JCA:2020:1339.

3
ORDENACIÓN DEL PROCEDIMIENTO ADMINISTRATIVO

Ordenación del procedimiento: el expediente administrativo, concentración de trámites y cuestiones incidentales

|| Expediente administrativo

El artículo 70.1 de la LPAC define el **expediente administrativo** como el «conjunto ordenado de documentos y actuaciones que sirven de antecedente y fundamento a la resolución administrativa, así como las diligencias encaminadas a ejecutarla».

En cuanto a la forma de estos expedientes cabe destacar que:

- Tendrán formato electrónico.
- Se formarán agregando ordenadamente los documentos, pruebas, dictámenes, informes, acuerdos, notificaciones y demás diligencias que deban integrarlos, así como un índice numerado de todos los documentos que contenga al tiempo de la remisión.
- Constará en ellos copia electrónica certificada de la resolución adoptada.

El artículo 83.2 de la LPAC amplía este último precepto al establecer la publicación de un anuncio en el diario oficial que corresponda de modo que cualquier persona, física o jurídica, pueda examinar el expediente o la parte del mismo que se acuerde. Dicho anuncio señalará el lugar de exhibición, con obligación de estar a disposición de las personas que lo soliciten a través de medios electrónicos en la sede electrónica correspondiente.

> **A TENER EN CUENTA.** La DF 7.ª de la LPAC, en cuanto a la entrada en vigor señala en su párrafo segundo que «No obstante, las previsiones relativas al registro electrónico de apoderamientos, registro electrónico, registro de empleados públicos habilitados, punto de acceso general electrónico de la Administración y archivo único electrónico producirán efectos a partir del día 2 de abril de 2021».

Asimismo, el apartado 3 del artículo 70 de la LPAC establece que cuando sea necesario remitir el expediente electrónico, se hará de acuerdo con lo previsto en el Esquema Nacional de Interoperabilidad y en las correspondientes Normas Técnicas de Interoperabilidad, además, se enviará completo, foliado, autentificado y acompañado de un índice, asimismo autentificado, de los documentos que contenga.

Resulta importante la autenticación del citado índice, ya que es una garantía de la integridad e inmutabilidad del expediente electrónico.

> **CUESTIÓN**
>
> **¿Existe alguna exclusión del contenido del expediente administrativo?**
>
> Sí, conforme al artículo 70.4 de la LPAC, no se incluirá en él la información auxiliar o de apoyo —por ejemplo la contenida en aplicaciones, ficheros y bases de datos informáticas—, las notas, borradores, opiniones, resúmenes, comunicaciones e informes internos o entre órganos o entidades administrativas, así como los juicios de valor emitidos por las Administraciones públicas, salvo que se trate de informes, preceptivos y facultativos, solicitados antes de la resolución administrativa que ponga fin al procedimiento

|| Impulso del procedimiento administrativo

El artículo 71 de la LPAC hace referencia al **impulso del procedimiento**, entendiéndose según la RAE como la: «Obligación de la Administración de, una vez iniciado el procedimiento, desarrollar la actividad necesaria para que este llegue a su fin mediante la adopción de la resolución final, y ello sin necesidad de ser excitada en este sentido por los interesados. También se denomina principio de impulsión de oficio o principio de oficialidad».

El impulso del procedimiento será de oficio en todos sus trámites y a través de medios electrónicos.

En esta fase del procedimiento se hace mención especial al cumplimiento de los principios de celeridad, transparencia y publicidad. Se exige un orden riguroso de incoación en asuntos de homogénea naturaleza ya que su incumplimiento dará lugar a la exigencia de responsabilidad disciplinaria del infractor y, en su caso, será causa de remoción del puesto de trabajo.

El órgano instructor será responsable directo de la tramitación del procedimiento, especialmente, del cumplimiento de los plazos. En su caso, serán responsables los titulares de las unidades administrativas que tengan atribuida la función de instrucción.

|| Concentración y cumplimiento de trámites administrativos

El artículo 72 de la LPAC regula la **concentración de trámites,** lo que significa que, durante la tramitación del procedimiento administrativo, para evitar una dilación injustificada, se prevé la posibilidad de concentrar los trámites para poder cumplir en la medida de lo posible con los principios de simplificación administrativa y de economía procesal.

Todo ello, se llevará a cabo impulsando de manera simultánea todos los trámites que por su naturaleza lo permitan, siempre y cuando no sea obligatorio su cumplimiento sucesivo.

El art. 73 de la LPAC hace referencia al cumplimiento de los trámites que deban ser cumplimentados por los interesados para lo cual contarán con un plazo de diez días a partir del día siguiente al de la notificación (salvo que la norma correspondiente fije plazo distinto). En el caso de que no cumplan lo anterior, podrán ser considerados **decaídos en su derecho al trámite correspondiente**. Si bien, podrá actuar el interesado y producir efectos con su actuación si se da antes o dentro del día de notificación de la resolución en la que se tenga por transcurrido el plazo. En este sentido, la **sentencia del Tribunal Superior de Justicia de Galicia n.º 497/2018, de 21 de noviembre, ECLI:ES:TSJGAL:2018:4995**:

> «(...) invoca como de aplicación lo dispuesto en el artículo 73.3 de la Ley 39/2015 —cumplimiento de trámites—, argumentando para ello que el citado precepto admite expresamente que la actuación del interesado sujeta a plazo producirá sus efectos legales si se produce antes o dentro del día en que se notifica la resolución en la que se tenga por transcurrido el plazo, y por tanto de acuerdo con esta previsión legal parece que la Administración cada vez que transcurre el plazo para el interesado, debe de dictar un acto en el que declare esta circunstancia, que debe además notificar al propio interesado incumplidor, y entre tanto, la actuación extemporánea del interesado será plenamente válida».

Asimismo, la **sentencia del Tribunal Superior de Justicia de Madrid n.º 729/2023, de 27 de octubre, ECLI:ES:TSJM:2023:12835**, señala que «(...) mientras no se da por agotado el plazo o se resuelve, el interesado puede presentar los documentos que le han sido requeridos (...)».

‖ Cuestiones incidentales

Finalmente, el artículo 74 de la LPAC hace referencia a las **cuestiones incidentales**, indicando que podrán surgir a lo largo del procedimiento y, en el caso de que eso ocurra, se tramitarán en pieza separada y no suspenderán la tramitación de aquel, con la excepción de la recusación.

Asimismo, en cuanto al concepto de cuestiones incidentales cabe traer a colación lo previsto en el artículo 387 de la Ley 1/2000, de 7 de enero, de Enjuiciamiento Civil, que las define como aquellas cuestiones que siendo distintas de las que constituyen el objeto principal del pleito, guardan con relación inmediata con él, así como las que se susciten respecto de presupuestos y requisitos procesales de influencia en el proceso.

4
INSTRUCCIÓN DEL PROCEDIMIENTO ADMINISTRATIVO

Regulación de la instrucción del procedimiento administrativo común

La instrucción del procedimiento administrativo se entiende como la fase en la que se investiga todo lo relativo a los hechos que son objeto del procedimiento. Para ello, la Ley 39/2015, de 1 de octubre, cuenta con una serie de instrumentos y/o trámites que permitirán esclarecer el procedimiento para su posterior resolución.

Se regula la instrucción del procedimiento en el capítulo IV, título IV, de la LPAC, artículos 75 a 83, distribuidos en cuatro secciones que van a ser desarrolladas de forma detallada a continuación:

Sección 1.ª	Disposiciones generales	Actos de instrucción del procedimiento (art. 75) Alegaciones (art. 76)
Sección 2.ª	Prueba	Medios y período de prueba (art. 77) Práctica de prueba (art. 78)
Sección 3.ª	Informes	Petición, emisión y solicitud de informes (arts. 79-81)
Sección 4.ª	Participación de los interesados	Trámite de audiencia (art. 82) Información pública (art. 83)

4.1. Actos de instrucción del procedimiento administrativo

Los actos de instrucción en el procedimiento administrativo común

El artículo 75 de la LPAC, perteneciente a la sección 1.ª «Disposiciones Generales», del capítulo IV del título IV, aborda la regulación de los actos de instrucción necesarios para la determinación, conocimiento y comprobación de los hechos en virtud de los cuales deba pronunciarse la resolución.

Los actos de instrucción se realizarán **de oficio** por el órgano competente y **a través de medios electrónicos**, sin que ello perjudique el derecho de los interesados a proponer aquellas actuaciones que requieran su intervención o constituyan trámites legal o reglamentariamente establecidos.

Los plazos deberán cumplirse, así como un riguroso orden de incoación (ya mencionados anteriormente en el artículo 71 de la Ley 39/2015, de 1 de octubre).

Estos actos de instrucción cuando requieran la intervención de los interesados se practicarán en la forma que resulte más conveniente para ellos y, en la medida de lo posible, compatibilizándolos con sus obligaciones laborales o profesionales.

El órgano instructor será el responsable de garantizar el respeto de los principios de contradicción y de igualdad de los interesados en el procedimiento. Tal y como se recoge en la sentencia del TSJ de Castilla La Mancha n.º 28/2022, de 21 de febrero, ECLI:ES:TSJCLM:2022:479, con relación al apartado 4 del art. 75 de la LPAC:

> «(...) Este apartado encomienda al instructor la garantía de los principios de contradicción e igualdad que derivan de los correspondientes derechos fundamentales, de defensa e igualdad, constitucionalmente reconocidos, así como de los principios de objetividad, imparcialidad e interdicción de la arbitrariedad que deben regir la actividad de los poderes públicos (...)».

4.2. Alegaciones

Alegaciones durante la instrucción del procedimiento administrativo

Las alegaciones nacen del derecho a alegar que se define por la RAE como el derecho a *«argumentar oralmente o por escrito hechos y derechos en defensa de una pretensión»*.

Las alegaciones que se produzcan durante la fase de instrucción, así como los documentos u otros elementos de juicio pertinentes, podrán presentarse en **cualquier momento anterior al trámite de audiencia** (art. 76.1 de la LPAC).

Asimismo, los interesados podrán alegar **en todo momento** defectos de tramitación, y, especialmente los que supongan paralización, infracción de plazos u omisión de trámites que puedan ser subsanados antes de la resolución definitiva, exigiendo, si corresponde, la posible responsabilidad disciplinaria (art. 76.2 de la LPAC).

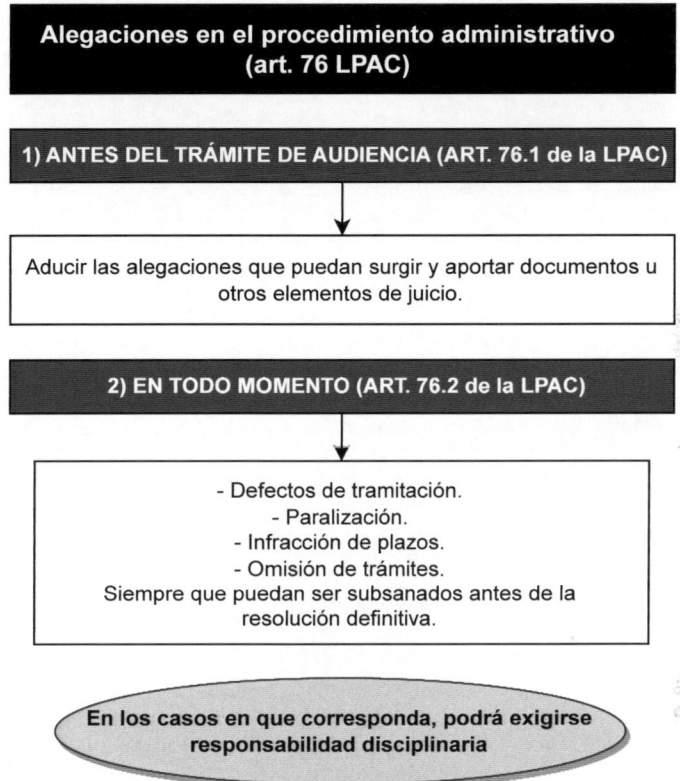

4.3. Prueba

Regulación de la prueba en el procedimiento administrativo

La **prueba** viene definida por la RAE como:

> «Actuación procesal de parte, a través de los medios regulados en la norma procesal, por la que intenta acreditar los hechos que invoca como fundamento de su pretensión, con el propósito de acreditar al tribunal su certeza probatoria».

Asimismo, añade que es la:

«Actividad encaminada a procurar la fijación de los hechos vertidos en los escritos de calificación y la convicción del juez sobre los mismos».

En la sección 2.ª de la LPAC, capítulo IV, título IV, relativa a la prueba, se regulan por un lado los «medios y período de prueba» (art. 77 de la LPAC) y por otro, la «práctica de prueba» (art. 78 de la LPAC). Los medios de prueba son el vehículo a través del cual se fundamenta lo alegado.

En primer lugar, vamos a analizar los apartados contenidos en el **artículo 77 de la LPAC**.

Así, los hechos objeto del procedimiento podrán acreditarse a través de **cualquier medio de prueba admisible en derecho** y la valoración de los mismos se hará conforme a los criterios fijados en la Ley 1/2000, de 7 de enero, de Enjuiciamiento Civil (LEC).

CUESTIÓN

¿Cuáles son los medios de prueba?

Los medios de prueba se enumeran en el artículo 299 de la LEC y como tales cabe señalar: el interrogatorio de las partes y de los testigos, los documentos públicos y los privados, el dictamen de peritos, el reconocimiento judicial, los medios de reproducción de la palabra, el sonido y la imagen, así como los instrumentos que permitan archivar y conocer o reproducir palabras, datos, cifras y operaciones matemáticas llevadas a cabo con fines contables o de otra clase, relevantes para el proceso.

Añade el artículo 299.3 de la LEC que «Cuando por cualquier otro medio no expresamente previsto en los apartados anteriores de este artículo pudiera obtenerse certeza sobre hechos relevantes, el tribunal, a instancia de parte, lo admitirá como prueba, adoptando las medidas que en cada caso resulten necesarias».

En su numeral 2, el artículo 77 de la LPAC dispone que «Cuando la Administración no tenga por ciertos los hechos alegados por los interesados o la naturaleza del procedimiento lo exija, el instructor del mismo acordará la apertura de un período de prueba». Por tanto, no es imprescindible que el interesado en el procedimiento solicite la apertura del período probatorio, sino que lo hará la propia Administración bajo el principio de oficialidad al que se sujeta. El período para la propuesta y práctica de las pruebas durará entre 10 y 30 días, pudiendo ampliarse de manera extraordinaria 10 días más a petición de los interesados.

En su numeral 3, el artículo 77 de la LPAC permite que el instructor del procedimiento, mediante resolución motivada, **rechace aquellas pruebas** aportadas por los interesados cuando **sean manifiestamente improcedentes o innecesarias**. De lo contrario, se podría estar ante una indefensión determinante de nulidad, siempre y cuando se cumplan las condiciones señaladas, entre otras, en la **sentencia del Tribunal Supremo, rec. 4131/1999, de 11 de noviembre de 2003, ECLI:ES:TS:2003:7031**: «(...) para que la omisión de un trámite genere una indefensión con efectos anulatorios debe haber dejado al administrado en una situación en la que le haya sido imposible alegar o defenderse, con exposición de cuál hubiera sido la situación a la que podría haberse llegado de cumplirse los requisitos legales (...)».

En este sentido, resulta interesante la **sentencia del Tribunal Superior de Justicia de Andalucía n.º 1425/2023, de 25 de mayo, ECLI:ES:TSJAND:2023:4676,** que señala en cuanto a la posibilidad de rechazar las pruebas aportadas que:

> «(...) cierto es que los artículos 53.e) y 77 de la Ley 39/2015 (...) recogen como derecho del presunto responsable el de utilizar los medios de prueba admitidos por el ordenamiento jurídico; sin embargo, ello ha de entenderse siempre que los mismos resulten procedentes y necesarias, por lo que no toda prueba propuesta debe admitirse. (...) Por otra parte, es doctrina del Tribunal Supremo la que señala que corresponde al Instructor del expediente discernir si las pruebas propuestas son de utilidad para el esclarecimiento de los hechos, así como la amplia libertad que posee la Administración para decidir sobre los hechos que se pretenden probar, y si son pertinentes o no los medios de prueba propuestos por los interesados (SSTS de 15 de diciembre de 1987 y de 4 de marzo de 1997, entre muchas otras), de tal manera que sólo podrán declararse improcedentes aquellas pruebas que por su relación con los hechos no puedan alterar la resolución final a favor del presunto responsable (...)».

Y añade, en cuanto a la nulidad de las actuaciones a causa de indefensión por haberse prescindido de un trámite en el procedimiento, que:

> «(...) no cabe extraer la simple consecuencia de que la mera omisión de tal trámite provoque siempre y, en todo caso, la nulidad de lo actuado (TS 21-2-00, EDJ 1543), pues la teoría de la nulidad radical de los actos administrativos ha de ser apreciada con especial moderación y cautela, de suerte que no basta solo con que se produzcan infracciones, sino que los trámites sean esenciales y que, en todo caso, su omisión acarree la indefensión del administrado (TS 15-7-02, EDJ 28546)».

Existe una consolidada **doctrina del Tribunal Constitucional sobre la utilización de los medios de prueba pertinentes en relación con la tutela judicial efectiva** (art. 24.2 de la CE). Entre otras, la sentencia del Tribunal Constitucional n.º 165/2001, de 16 de julio, ECLI:ES:TC:2001:165, sintetiza esta doctrina en los siguientes puntos:

- El derecho fundamental a utilizar los medios de prueba pertinentes no comprende un hipotético derecho a llevar a cabo una **actividad probatoria ilimitada** en virtud de la cual las partes estén facultadas para exigir cualesquiera pruebas que tengan a bien proponer, sino que atribuye solo el derecho a la recepción y práctica de las que sean pertinentes.

- La prueba ha de haberse **solicitado en la forma y momento legalmente establecido**s, admitiéndose solo los medios de prueba autorizados por el ordenamiento jurídico.

- Corresponderá a los **jueces y tribunales el examen sobre la legalidad y pertinencia de las pruebas** y al **Tribunal Constitucional controlar las decisiones judiciales dictadas en esta materia** cuando se hayan inadmitido pruebas relevantes para la decisión final sin motivación alguna o mediante una interpretación y aplicación de la legalidad arbitraria o irrazonable o cuando la falta de práctica de la prueba sea imputable al órgano judicial.

- La **falta de actividad probatoria debe haberse traducido en una efectiva indefensión o haber sido decisiva en términos de defensa.** A estos efectos corresponde al recurrente alegar y fundamentar adecuadamente la indefensión material en la demanda. En este sentido, debe el recurrente razonar la relación entre los hechos que no se pudieron probar y las pruebas inadmitidas, así como argumentar que la resolución final podría haberle sido favorable de haberse aceptado y practicado la prueba objeto de controversia.

> **A TENER EN CUENTA.** El artículo 108.2 de la Ley General Tributaria cuando se refiere a las presunciones en materia tributaria, exige, para que las mismas puedan admitirse como medio de prueba, que «entre el hecho demostrado y aquel que se trate de deducir haya un enlace preciso y directo según las reglas del criterio humano».

¿Qué sucede cuando el interesado alega y fundamenta la concurrencia de discriminación? En estos casos, tras la publicación de la Ley 15/2022, de 12 de julio, —en vigor desde el 14/07/2022— el nuevo apartado 3 bis del artículo 77 de la LPAC prevé que:

> «Cuando el interesado alegue discriminación y aporte indicios fundados sobre su existencia, corresponderá a la persona a quien se impute la situación discriminatoria la aportación de una justificación objetiva y razonable, suficientemente probada, de las medidas adoptadas y de su proporcionalidad.
>
> A los efectos de lo dispuesto en el párrafo anterior, el órgano administrativo podrá recabar informe de los organismos públicos competentes en materia de igualdad».

En relación con el **efecto probatorio**, si se trata de un procedimiento de carácter sancionador, los hechos que se declaren probados en las resoluciones judiciales penales firmes vincularán a las Administraciones públicas respecto de los procedimientos sancionadores que sustancien (artículo 77.4 de la LPAC).

Y, añade el apartado 5 del artículo 77 de la LPAC que «Los documentos formalizados por los funcionarios a los que se reconoce la condición de autoridad y en los que, observándose los requisitos legales correspondientes se recojan los hechos constatados por aquellos harán prueba de estos salvo que se acredite lo contrario». Lo que significa que cuentan con una **presunción** *iuris tantum*, o lo que es lo mismo, presunción de veracidad, que admite como cierto un hecho mientras no se pruebe lo contrario.

Asimismo, cabe mencionar como excepción los procedimientos de carácter sancionador. Tal y como se expone en la **sentencia del Tribunal Superior de Justicia de Madrid n.º 208/2019, de 18 de marzo, ECLI:ES:TSJM:2019:2783**:

> «(...) como en el procedimiento penal, en los procedimientos sancionadores se exige una actividad probatoria de cargo que, si no existe, o si la que existe es de valoración prohibida, o es insuficiente para acreditar los hechos constitutivos de la infracción, determina la obligación de absolver (...).
>
> (...) como el principio constitucional de presunción de inocencia establecido en el artículo 24 de la Constitución Española es plenamente aplicable en el ámbito administrativo sancionador, ha de ser la Administración la que soporte la carga de probar la realización por el administrador de la conducta que integra la infracción así como, en su caso, la concurrencia de las circunstancias agravantes. La presunción de no existencia de responsabilidad administrativa mientras no se demuestre lo contrario, es una presunción iuris tantum que desplaza el onus probandi a la Administración, y que solo puede destruirse mediante la aportación de pruebas suficientes y obtenidas con las debidas garantías sobre las cuales el órgano competente pueda fundamentar un juicio razonable de tipicidad y de culpabilidad».

Si la prueba consiste en la **emisión de un informe por parte de los órganos administrativos, organismos públicos o entidades de derecho público, ¿qué ocurre?** En estos casos, se considera que el informe tiene carácter **preceptivo** (art. 77.6 de la LPAC).

Asimismo, conforme al artículo 77.7 de la LPAC, deberá incluirse en la **propuesta de resolución** la valoración de las pruebas que se practiquen cuando la misma pueda ser fundamento básico de la decisión del procedimiento al constituir pieza imprescindible para la correcta evaluación de los hechos.

CUESTIÓN

¿Podría un interesado que forma parte en un procedimiento proponer la práctica de una prueba determinada?

Sí, se puede proponer la práctica de una prueba por parte del interesado, pero hay que tener en cuenta que, si su realización implica gastos que la Administración no tiene el deber de soportar, el artículo 78.3 de la Ley 39/2015, de 1 de octubre, establece que la propia Administración podrá exigir el anticipo de los gastos, a reserva de la liquidación definitiva, una vez practicada la prueba.

JURISPRUDENCIA

Sentencia del Tribunal Supremo n.º 1599/2023, de 29 de noviembre, ECLI:ES:TS:2023:5147

Interpretación del artículo 77 de la LPAC.

«Sabemos que la Administración adopta sus resoluciones a partir de las diversas situaciones de hecho previstas por las disposiciones que le habilitan para ejercer sus potestades, las que le han conferido las leyes. Es, pues, necesario probarlas si la propia Administración no tiene certeza sobre ellas o si los interesados discuten las que considera constatadas, ya que constituyen el presupuesto imprescindible de la ac-

tuación administrativa. Por eso, vemos que el artículo 77 comienza sentando la regla de que tales hechos pueden acreditarse por cualquier medio de prueba admisible en Derecho, remite a la Ley de Enjuiciamiento para su valoración y habla del período de prueba que puede acordar de oficio el instructor o a solicitud del interesado.

No parece discutible el derecho del afectado por un procedimiento sancionador a pedir un período de prueba y a proponer en él los medios probatorios con los que demostrar que no son ciertos en todo o en parte los hechos que se le imputan. Está claro que, una vez abierto, no es ilimitada la facultad de propuesta que implica ese derecho. Ahora bien, es igualmente cierto que el instructor del expediente solamente podrá denegar mediante resolución motivada, de entre las pruebas pedidas, aquellas que sean manifiestamente improcedentes o innecesarias. Así lo dice expresamente el artículo 77.3. Por tanto, el instructor no es el dueño absoluto del procedimiento.

De igual modo, si la denuncia de los agentes de la autoridad hace prueba de los hechos que recoge, salvo que se acredite lo contrario (artículo 77.5), adquiere una relevancia esencial el derecho del afectado a proponer y a que se admitan y practiquen los medios probatorios con los que demostrar que lo sucedido no es lo que esos agentes dicen que ocurrió.

Así, resulta con naturalidad del artículo 77 que nos ocupa, cuyas prescripciones no son sino el resultado al que ha llegado la interpretación de las garantías que contempla el artículo 24 de la Constitución y de su mandato de proscripción de la indefensión, garantías especialmente exigentes cuando del procedimiento sancionador se trata, pues a él se aplican, en principio, las establecidas para el proceso penal».

4.4. La práctica de la prueba

¿En qué consiste la práctica de la prueba en el procedimiento administrativo?

La práctica de la prueba regulada en el artículo 78 de la LPAC se basa en dos principios:

- El **principio de contradicción**, que, según la RAE, se define como la «necesidad de audiencia de la otra parte para que manifieste lo que convenga a su derecho».

- El **principio de audiencia**, que se define por la RAE como el «principio general del derecho según el cual nadie puede ser condenado sin ser oído y vencido en juicio; implica dar a las partes la oportunidad de intervenir en el proceso, con independencia de que la utilicen o no».

Ambos principios son fundamentales en el ejercicio del derecho de defensa, previsto en los artículos 24 y 105 de la Constitución, relativos, respectivamente, a la tutela judicial efectiva y a la audiencia de los ciudadanos.

Los apartados 1 y 2 del artículo 78 de la LPAC establecen la obligación por parte de la Administración de comunicar a los interesados con antelación suficiente el inicio de las actuaciones necesarias para la realización de las pruebas que hayan sido admitidas. En la notificación se consignará el lugar, fecha y hora en que se practicará la prueba. Al propio tiempo, se establece la posibilidad de que el interesado acuda acompañado de técnicos que le asistan.

En cuanto a la interpretación de lo anterior, la **sentencia del Tribunal Supremo n.º 1599/2023, de 29 de noviembre, ECLI:ES:TS:2023:5147**, resalta la importancia de lo previsto en los dos apartados citados señalando:

> «(...) De ellos se desprende que al interesado se le ha debido comunicar con antelación suficiente el comienzo de la realización de las pruebas admitidas y que esa comunicación ha de comprender la indicación del lugar, fecha y hora en que se practicará así como ha de informarle de que puede nombrar técnicos que le asistan. Una comunicación de la naturaleza de la que contempla este precepto legal no es para mero conocimiento del interesado sino, precisamente, para que pueda personarse en el acto en que se lleva a cabo la prueba. No queda, pues, al parecer del instructor hacer o no esa comunicación, y tampoco hacerla incompleta. De igual modo, no queda a su decisión permitir o no la presencia de aquél, pues en tal hipótesis no tendría sentido la comunicación exigida por la Ley. Además, si no puede estar presente, ¿en qué y cómo sería asistido por los técnicos que puede nombrar?
>
> Los términos en que está concebido el artículo 78 conducen directamente a la conclusión de que contempla la presencia en la prueba del interesado (...)».

El artículo 78.3 de la LPAC se encarga de regular aquellos casos en los que, a petición del interesado, haya que efectuar pruebas que impliquen gastos que la Administración no tenga la obligación de soportar. En tal caso, la Administración podrá exigir el anticipo de estos, a reserva de la liquidación definitiva una vez practicada la prueba. La liquidación de los gastos se practicará uniendo los comprobantes que acrediten su realidad y cuantía.

La Ley 39/2015, de 1 de octubre, en el mismo sentido que la derogada Ley 30/1992, de 26 de noviembre, sigue sin solucionar la problemática de **cuáles son los gastos que no debe soportar la Administración**. Ante la falta de respuesta legal, la doctrina ofrece la siguiente solución: cuando la prueba pueda ser practicada con los medios de que dispone la Administración, no tendrá coste; por el contrario, si la prueba propuesta por el interesado no puede ser llevada a cabo con los medios de que dispone la Administración, el interesado habrá de soportar el coste de su práctica.

En el caso de **procedimientos administrativos de naturaleza sancionadora**, hay que tener en cuenta que, según el artículo 53.2.b) de la LPAC los presuntos responsables tendrán «derecho a la presunción de no existencia de responsabilidad administrativa mientras no se demuestre lo contrario». Ello supone que la carga sobre la comisión del ilícito administrativo recae sobre la Administración tal y como dispone, entre otras muchas, la **sentencia de la Audiencia Nacional, rec. 62/2019, de 18 de septiembre, ECLI:ES:AN:2019:3699**:

> «(...) el principio de presunción de inocencia en materia sancionadora administrativa supone que la carga de la prueba incumbe a la Administración que acusa, sin que el imputado esté obligado a probar su inocencia, y que, cualquier insuficiencia en el resultado de las pruebas practicadas, libremente valorado por el órgano sancionador, ha de traducirse en un pronunciamiento absolutorio (por todas, STC 76/1990, de 26 de abril)».

La denominada «presunción de veracidad» de las denuncias y actas de inspección

La utilización en ciertos textos normativos de los términos «presunción de veracidad», «presunción de certeza» y «harán fe», para referirse a determinados documentos administrativos (singularmente a las denuncias y actas de infracción) ha sido muy desafortunada y ha generado enorme confusión. Sobre todo, por su nulo rigor técnico jurídico, ya que ni se trata de verdaderas presunciones ni, pese a que induzcan a pensar lo contrario, esas expresiones entrañan una inversión de la carga de la prueba ni tampoco denotan la existencia de una prueba privilegiada.

En este ámbito hay que situar ciertos actos de inspección y de comprobación, realizados por funcionarios competentes, que, al constatar directamente hechos susceptibles de sanción, **gozan de presunción de veracidad** y proporcionan el principio de prueba a partir del cual la Administración puede, tras el oportuno procedimiento, demostrar la realidad de la infracción y la atribución de culpabilidad al expedientado, ante la ausencia de cualesquiera otros elementos de prueba eficaces y convincentes de signo contrario que la desvirtúen, como razona en el **fundamento 4.º, la sentencia del Tribunal Constitucional n.º 70/2012, de 16 de abril, ECLI:ES:TC:2012:70:**

> «(...) En este sentido conviene recordar que es doctrina reiterada de este Tribunal que las actas de inspección o infracción, en las que los funcionarios competentes consignan los hechos que observan en el curso de sus comprobaciones e investigaciones, pueden ser consideradas por la Administración como medios de prueba capaces de destruir la presunción de inocencia, sin perjuicio de que no gocen de mayor relevancia que los demás medios de prueba admitidos en Derecho y, por ello, no hayan de prevalecer necesariamente frente a otras pruebas que conduzcan a conclusiones distintas (SSTC 76/1990, de 26 de abril, FJ 8; 14/1997, de 28 de enero, FJ 7; y 35/2006, de 13 de febrero, FJ 6).
>
> (...) Ahora bien, ese valor probatorio sólo puede referirse a los hechos comprobados directamente por el funcionario, quedando fuera de su alcance las calificaciones jurídicas, los juicios de valor o las simples opiniones que los inspectores consignen en las actas y diligencias (...)».

Hasta que el Tribunal Constitucional puso un cierto orden en esta materia, sobre todo a partir de la **STC n.º 76/1990, de 26 de abril, ECLI:ES:TC:1990:76**, el valor probatorio de las actas administrativas de inspección y de las denuncias de los agentes de la autoridad se exageró sacándolo de contexto. Prácticamente se convirtieron en pruebas blindadas, frente a las que poco o nada podía hacer el inculpado.

Pero, el Tribunal Constitucional, al menos desde su citada sentencia, ha dejado meridianamente claro que no estamos ante pruebas preferentes ni privilegiadas. Las actas y denuncias de inspectores y agentes no gozan de mayor relevancia que otras pruebas que pudieran practicarse y conducir a conclusiones diferentes. Ninguna norma puede otorgarles una veracidad absoluta e indiscutible, lo que no sería constitucionalmente admisible, sino que pueden ceder frente a otras pruebas que conduzcan a conclusiones distintas (**STSJ de la Comunidad Valenciana n.° 390/2023, de 7 de junio, ECLI:ES:TSJCV:2023:1902**).

Así lo vienen aplicando nuestros tribunales superiores de justicia, pudiendo citar como ejemplo la **sentencia del TSJ de Asturias n.° 583/2022, de 23 de junio, ECLI:ES:TSJAS:2022:1787**, que en su fundamento tercero recoge que:

> «(...) En tanto que en la vía contencioso-administrativa, los atestados incorporados al expediente sancionador son susceptibles de valorarse como prueba, pudiendo haber servido para destruir la presunción de inocencia en la vía administrativa sin necesidad de que tenga que reiterarse en vía contencioso-administrativa la actividad probatoria de cargo practicada en el expediente administrativo, pero no gozan de mayor relevancia que los demás medios de prueba admitidos en Derecho y, por ello, ni han de prevalecer necesariamente frente a otras pruebas que conduzcan a conclusiones distintas, ni pueden impedir que el órgano judicial forme su convicción sobre la base de una valoración o apreciación razonada del conjunto de las pruebas practicadas (SSTC 76/1990, de 26 de abril, FJ 8, y 14/1997, de 28 de enero, FJ 7)».

Esto es precisamente lo que dice el artículo 77.5 de la LPAC: que los hechos constatados por funcionarios, debidamente formalizados en documento público, tienen valor probatorio. Nada más. Sin referencia alguna a equívocas presunciones sobre su certeza o veracidad.

En conclusión, la atribución de valor probatorio a las actas de los agentes de la autoridad y demás funcionarios está supeditada al cumplimiento de ciertos requisitos, tal y como se expone en el fundamento 2.° de la sentencia del Tribunal Superior de Justicia de Comunidad Valenciana n.° 782/2017, de 4 de octubre, ECLI:ES:TSJCV:2017:7430:

> «(...) su contenido ha de reflejar hechos objetivos, presenciados in situ y constatados material y directamente por el funcionario interviniente, al margen de deducciones, opiniones, apreciaciones u otros juicios subjetivos (Sentencia del Tribunal Supremo de 25 de febrero de 1998, entre otras); resultando indispensable la ratificación del agente actuante si el expedientado niega o contradice los hechos denunciados (Sentencia del Alto Tribunal de 31 de julio de 2000), pues, de este modo, se convierte la denuncia en una indudable prueba testifical de cargo, aunque es preciso que la ratificación la efectúe el mismo agente que suscribe el acta y que, por tanto, presenció directamente los hechos».

Asimismo, resulta interesante la **sentencia de la Audiencia Nacional, rec. 152/2019, de 22 de enero de 2020, ECLI:ES:AN:2020:350**.

RESOLUCIÓN RELEVANTE

Sentencia del Tribunal Superior de Justicia de Madrid n.° 904/2022, de 7 de octubre, ECLI:ES:TSJM:2022:12127

«Desde antiguo [entre otras muchas, STS de 25 de febrero de 1998 (Rec. 7107/1991] ha venido reiterando el Tribunal Supremo que el contenido de las actas de inspección debe reflejar hechos objetivos, presenciados in situ y constatados, ma-

*terial y directamente, por el funcionario interviniente como resultado de su propia y personal observación, sin hacer constar deducciones, opiniones, apreciaciones, consecuencias, hipótesis o juicios de valor subjetivos. Más recientemente, el Alto Tribunal concretó que [entre otras muchas, en STS de 21 de julio de 2016 (Rec. Cas. para la Unificac de doctrina] que **las actas de la inspección "gozan de presunción de veracidad, fundada en la imparcialidad y especialización que, en principio debe reconocerse a los Inspectores actuantes, limitándose dicha presunción de certeza a atribuir a tales actas el carácter de prueba de cargo, dejando abierta la posibilidad de practicar la prueba en contrario, de modo que esta presunción de certeza desplaza la carga de la prueba al administrado,** de suerte que es éste quien debe acreditar con las pruebas precisas que no se ajustan a la realidad los hechos descritos por la Inspección". Son, por tanto, hechos y no cualesquiera datos recogidos en el acta los que gozan de la presunción de certeza que la demandada ha hecho valer, en este caso, con indefensión para la expedientada (...)».*

4.5. Informes

Petición y emisión de informes administrativos

Los informes en relación con el procedimiento administrativo se regulan en la sección 3.ª del capítulo IV, título IV, artículos 79 a 81 de la LPAC.

El primero de ellos, el artículo 79 de la LPAC, regula la petición de los informes, y establece que, de cara a la resolución del procedimiento, se solicitarán aquellos informes que sean preceptivos por las disposiciones legales, y los que se juzguen necesarios para resolver. Habrá de concretarse en la petición los extremos sobre los que se solicita.

El artículo 80.1 de la LPAC señala que «salvo disposición expresa en contrario, los informes serán facultativos y no vinculantes».

¿Cómo se emiten los informes? La emisión de informes se realizará por **medios electrónicos** cumpliendo con los requisitos del artículo 26 de la LPAC el cual establece:

«1. Se entiende por documentos públicos administrativos los válidamente emitidos por los órganos de las Administraciones Públicas. Las Administraciones Públicas emitirán los documentos administrativos por escrito, a través de medios electrónicos, a menos que su naturaleza exija otra forma más adecuada de expresión y constancia.

2. Para ser considerados válidos, los documentos electrónicos administrativos deberán:

a) Contener información de cualquier naturaleza archivada en un soporte electrónico según un formato determinado susceptible de identificación y tratamiento diferenciado.

b) Disponer de los datos de identificación que permitan su individualización, sin perjuicio de su posible incorporación a un expediente electrónico.

c) Incorporar una referencia temporal del momento en que han sido emitidos.

d) Incorporar los metadatos mínimos exigidos.

e) Incorporar las firmas electrónicas que correspondan de acuerdo con lo previsto en la normativa aplicable.

Se considerarán válidos los documentos electrónicos, que cumpliendo estos requisitos, sean trasladados a un tercero a través de medios electrónicos.

3. No requerirán de firma electrónica, los documentos electrónicos emitidos por las Administraciones Públicas que se publiquen con carácter meramente informativo, así como aquellos que no formen parte de un expediente administrativo. En todo caso, será necesario identificar el origen de estos documentos».

Asimismo, los informes deberán ser emitidos en un **plazo de diez días**, salvo que una disposición o el cumplimiento del resto de los plazos del procedimiento permita o exija otro plazo mayor o menor. Esto significa que, de no emitirse un informe en el plazo señalado, podrán continuarse las actuaciones, salvo que el informe sea preceptivo, en cuyo caso podrá incurrir en responsabilidad el causante de la demora y, además, se podrá suspender el transcurso del plazo máximo legal para resolver el procedimiento tal y como establece el artículo 22.1.d de la LPAC):

«El transcurso del plazo máximo legal para resolver un procedimiento y notificar la resolución se podrá suspender en los siguientes casos:

(...)

d) Cuando se soliciten informes preceptivos a un órgano de la misma o distinta Administración, por el tiempo que medie entre la petición, que deberá comunicarse a los interesados, y la recepción del informe, que igualmente deberá ser comunicada a los mismos. Este plazo de suspensión no podrá exceder en ningún caso de tres meses. En caso de no recibirse el informe en el plazo indicado, proseguirá el procedimiento».

Sin embargo, como indica el citado artículo, se establece un **plazo máximo de 3 meses para la emisión del informe** por lo que, llegado ese momento sin haberlo recibido, se retomará el procedimiento en curso. Asimismo, si el informe no presentado tiene carácter preceptivo, supondrá un vicio de nulidad del artículo 47.1.e) de la LPAC ya que no podrá subsanarse con posterioridad:

«1. Los actos de las Administraciones Públicas son nulos de pleno derecho en los casos siguientes:

(...)

e) Los dictados prescindiendo total y absolutamente del procedimiento legalmente establecido o de las normas que contienen las reglas esenciales para la formación de la voluntad de los órganos colegiados».

En aquellos casos en los que el informe deba emitirse por parte de una Administración pública distinta de la que está tramitando el procedimiento, con la única intención de expresar su punto de vista en base a las competencias que le corresponden y se cumpla el plazo para emitirlo, se podrá proseguir con las actuaciones.

A TENER EN CUENTA. No se tendrán en cuenta en la resolución del procedimiento aquellos informes que sean emitidos fuera de plazo. Desde el punto de vista de su eficacia jurídica, los informes pueden ser vinculantes o no vinculantes. Así, respecto de los informes vinculantes, la Administración está obligada a resolver del modo en que le indica el órgano consultivo; mientras que los informes no vinculantes, aunque no obligan como tal, sí que establecen la obligación de justificar aquellos aspectos en los que la Administración se aparte del informe emitido.

Solicitud de informes y dictámenes en los procedimientos de responsabilidad patrimonial de las AA. PP.

La solicitud de los informes en los procedimientos de responsabilidad patrimonial viene regulada en el artículo 81 de la Ley 39/2015, de 1 de octubre. En estos procedimientos **será preceptivo** solicitar informe al servicio cuyo funcionamiento haya ocasionado la presunta lesión indemnizable, el cual deberá emitirse en un plazo máximo de 10 días.

¿Cuándo será preceptivo solicitar dictamen del Consejo de Estado o, en su caso, del órgano consultivo de la comunidad autónoma? Conforme al artículo 81.2 de la LPAC, la solicitud del informe citado será preceptiva en aquellos casos en que las indemnizaciones reclamadas sean iguales o superiores a 50.000 euros o a la cuantía que se fije en la legislación autonómica que corresponda. Asimismo, también lo será en los casos previstos en la Ley Orgánica 3/1980, de 22 de abril, del Consejo de Estado.

En el plazo de 10 días desde que finalice el trámite de audiencia, el órgano instructor remitirá al órgano competente para solicitar el dictamen una propuesta de resolución o, en su caso, la propuesta de acuerdo para terminar el procedimiento de forma convencional. ´

La propuesta de resolución se ha de ajustar a lo previsto en el artículo 91 de la LPAC conforme al cual:

«1. Una vez recibido, en su caso, el dictamen al que se refiere el artículo 81.2 o, cuando éste no sea preceptivo, una vez finalizado el trámite de audiencia, el órgano competente resolverá o someterá la propuesta de acuerdo para su formalización por el interesado y por el órgano administrativo competente para suscribirlo. Cuando no se estimase procedente formalizar la propuesta de terminación convencional, el órgano competente resolverá en los términos previstos en el apartado siguiente.

2. Además de lo previsto en el artículo 88, en los casos de procedimientos de responsabilidad patrimonial, será necesario que la resolución se pronuncie sobre la existencia o no de la relación de causalidad entre el funcionamiento del servicio público y la lesión producida y, en su caso, sobre la valoración del daño causado, la cuantía y el modo de la indemni-

zación, cuando proceda, de acuerdo con los criterios que para calcularla y abonarla se establecen en el artículo 34 de la Ley de Régimen Jurídico del Sector Público.

3. Transcurridos seis meses desde que se inició el procedimiento sin que haya recaído y se notifique resolución expresa o, en su caso, se haya formalizado el acuerdo, podrá entenderse que la resolución es contraria a la indemnización del particular».

El dictamen solicitado deberá emitirse en el plazo de dos meses y se pronunciará sobre la existencia o no de relación de causalidad entre el funcionamiento del servicio público y la lesión producida y, en su caso, sobre la valoración del daño causado y la cuantía y modo de la indemnización de acuerdo con los criterios establecidos en esta ley.

Por lo tanto, en los procedimientos de responsabilidad patrimonial, la ausencia de resolución por silencio administrativo tendrá carácter desestimatorio.

CUESTIÓN

¿Quién será competente para resolver los procedimientos de responsabilidad patrimonial?

Para determinar a quién corresponde la competencia para resolver los procedimientos de responsabilidad patrimonial habrá de estarse a lo previsto en el artículo 92 de la LPAC que se puede sintetizar de la siguiente manera:

Ámbito de la Administración General del Estado: el ministro que corresponda o el Consejo de ministros en los casos previstos en las leyes y, en particular, en los del artículo 32.3 de la LRJSP (derecho de los particulares a indemnización por las AAPP de la lesión que sufran en sus bienes y derechos por la aplicación de actos legislativos de naturaleza no expropiatoria de derechos que no tengan el deber jurídico de soportar).

Ámbito autonómico y local: órganos correspondientes de las comunidades autónomas o de las entidades de la Administración local.

Entidades de derecho público: sus normas podrán establecer los órganos competentes, en caso contrario se aplicarán los puntos anteriores.

Finalmente, en lo que respecta a las **reclamaciones en materia de responsabilidad patrimonial del Estado basadas en el funcionamiento anormal de la Administración de Justicia**, se establece como preceptivo el informe del Consejo General del Poder Judicial, este será evacuando en un plazo máximo de 2 meses. A estos efectos, el plazo para resolver se suspenderá durante el tiempo que medie entre la solicitud del informe y su recepción, no pudiendo exceder el plazo de suspensión de los citados dos meses (art. 81.3 de la LPAC).

A TENER EN CUENTA. En cuanto a la responsabilidad patrimonial del Estado por el funcionamiento anormal de la Administración de Justicia, el artículo 32.7 de la LRJSP se remite a lo previsto en la Ley Orgánica 6/1985, de 1 de julio, del Poder Judicial.

4.6. Participación de los interesados

Regulación de la participación de los interesados en el procedimiento administrativo

La participación de los interesados en el procedimiento administrativo atiende a los principios constitucionales de audiencia y contradicción a través de los cuales se le otorga al interesado el derecho a ser oído, que viene respaldado por el artículo 24 de la CE, cuya finalidad es obtener un proceso «con todas las garantías».

El concepto de interesado viene definido en el artículo 4 de la LPACAP de la siguiente manera:

«1. Se consideran interesados en el procedimiento administrativo:

a) Quienes lo promuevan como titulares de derechos o intereses legítimos individuales o colectivos.

b) Los que, sin haber iniciado el procedimiento, tengan derechos que puedan resultar afectados por la decisión que en el mismo se adopte.

c) Aquellos cuyos intereses legítimos, individuales o colectivos, puedan resultar afectados por la resolución y se personen en el procedimiento en tanto no haya recaído resolución definitiva.

2. Las asociaciones y organizaciones representativas de intereses económicos y sociales serán titulares de intereses legítimos colectivos en los términos que la Ley reconozca.

(...)».

Asimismo, el artículo 18.2 de la Ley 39/2015, de 1 de octubre, establece que «los interesados en un procedimiento que conozcan datos que permitan identificar a otros interesados que no hayan comparecido en él tienen el deber de proporcionárselos a la Administración actuante». De este modo, se facilita que aquellas personas que desconozcan el procedimiento en curso puedan formar parte de él, siempre que gocen de la condición de «interesado».

El artículo 82 de la Ley 39/2015, sobre el **trámite de audiencia**, hace referencia al momento de la instrucción en el que los interesados tienen la oportunidad de ser oídos, por lo que es uno de los momentos más importantes del procedimiento administrativo. Este trámite es el último de la fase de instrucción y anterior a la resolución del procedimiento, que supone la finalización del mismo.

En este momento (trámite de audiencia), los interesados podrán presentar alegaciones y todo aquello que consideren conveniente (documentos, justificaciones, etc.), en un **plazo no inferior a 10 días ni superior a 15 días,** salvo que otra disposición establezca un plazo distinto.

El artículo 83 de la Ley 39/2015 versa sobre el **trámite de información pública,** que no tiene carácter obligatorio, sino que será acordado por el órgano competente cuando la naturaleza del procedimiento lo requiera. Para ello, publicará un anuncio en el diario oficial correspondiente a fin de que cualquier persona, física o jurídica, pueda examinar el expediente o parte del mismo.

Dicho anuncio señalará el lugar de exhibición, con la obligación de estar en todo caso accesible a través de medios electrónicos si alguna persona así lo solicita, y determinará el plazo para la realización de **alegaciones**, que no podrá ser inferior a 20 días.

A TENER EN CUENTA. La incomparecencia en este trámite no impedirá a los interesados interponer los recursos procedentes contra la resolución definitiva del procedimiento. Mientras que su comparecencia no otorga la condición de interesado. Sin embargo, aquellos que presenten alegaciones u observaciones tienen derecho a obtener de la Administración una respuesta motivada.

El Tribunal Superior de Justicia de Navarra destaca la importancia de este trámite en su **sentencia n.º 268/2021, de 11 de octubre, ECLI:ES:TSJNA:2021:517**:

> «Ilustrativa, sin duda, la Sentencia del Tribunal Supremo de 5 de mayo de 2015, cuando en su FD Decimoprimero, señala: "... **El trámite de información pública no es un mero trámite en el procedimiento de elaboración de los planes, sino un trámite esencial por la especial incidencia que tienen los mismos en la vida de los ciudadanos.** Precisamente este carácter esencial que se predica de la información pública en el urbanismo, unido al carácter reglamentario de los planes urbanísticos, tiene una nefasta consecuencia para el caso de no tener su debido cumplimiento: la nulidad de pleno derecho del plan"».

En el mismo sentido el **Tribunal de Justicia de Navarra en su sentencia n.º 195/2023, de 11 de julio, ECLI:ES:TSJNA:2023:499**, señala:

> «En relación con el modo en que ha de efectuarse, el artículo 83.2 LPAC, únicamente señala que "...se publicará un anuncio en el Diario oficial correspondiente a fin de que cualquier persona física o jurídica pueda examinar el expediente, o la parte del mismo que se acuerde". Ilustrativa, sin duda, la Sentencia del Tribunal Supremo de 5 de mayo de 20158, cuando en su FD Decimoprimero, señala: "...El trámite de información pública no es un mero trámite en el procedimiento de elaboración de los planes, sino un trámite esencial por la especial incidencia que tienen los mismos en la vida de los ciudadanos. Precisamente este carácter esencial que se predica de la información pública en el urbanismo, unido al carácter reglamentario de los planes urbanísticos, tiene una nefasta consecuencia para el caso de no tener su debido cumplimiento: la nulidad de pleno derecho del plan".
>
> En ciertas Comunidades Autónomas, que contemplan una participación ciudadana que no sólo gira en torno al trámite de información pública sino a través de otros mecanismos centrados en el instrumento de planeamiento general el Plan General Municipal, se distingue entre la Estrategia y Modelo de Ocupación Territorial (previo a la formulación del Plan Urbanístico Municipal, en el que se contiene "la definición de la estrategia de desarrollo del municipio, sus prioridades, modelo de crecimiento, aprovechamiento de sus recursos y superación de sus debilidades, a los efectos de garantizar la adecuación del modelo municipal de ocupación

del territorio al modelo de ordenación del territorio de su ámbito definido por los instrumentos de ordenación territorial vigentes, así como con las políticas territoriales y ambientales de la Comunidad Foral") y el Plan Urbanístico Municipal (propiamente el documento urbanístico que "define los aspectos propios de la ordenación y régimen del suelo del municipio"), enumera entre la documentación preceptiva que ha de integrar el primero unas conclusiones valoradas del proceso de participación ciudadana. Y en cuanto al trámite el art 70 LFTOU, enfatiza en la importancia del mismo, precisando que ha de llevarse a cabo en dos momentos: en la tramitación de la Estrategia y Modelo de Ordenación del Territorio y en la tramitación del Plan Urbanístico Municipal, pero además precisa que dicho Plan de Participación habrá de ser adoptado por el ayuntamiento respectivo con carácter previo al inicio de la redacción del Plan General Municipal. Lo dejamos apuntado, pues en realidad, este aspecto no se discute.

(...)

El actor se limita a decir que no se ha publicado toda la documentación, ello sin perjuicio de lo que luego se diera sobre los informes que se dicen omitidos; ello no significa que se haya omitido el trámite preceptivo, pero, en todo caso, esta Sala no alcanza a observar ausencia de documentación en los términos que plantea el recurrente.

Lo cierto es también, en línea con la jurisprudencia dictada sobre la materia, que **se han de tomar en consideración las circunstancias del caso, de modo que se ha de excluir ese vicio de nulidad en función de su eventual subsanación por la posterior fase de información pública, lo que en este concreto caso se ha de concluir producido pues se ha llevado a cabo la aprobación provisional del citado Plan hasta en tres ocasiones observándose el preceptivo trámite de información pública a los efectos de los preceptos legales citados.**

En consecuencia, esta Sala, no aprecia la ausencia del trámite de información pública referido a la fase de aprobación inicial».

4.7. Trámites de audiencia y de información pública

Regulación del trámite de audiencia en la LPACAP

Como decíamos anteriormente, la participación de los interesados en el procedimiento administrativo se basa en los principios constitucionales de audiencia y contradicción, a través de los cuales se le otorga al interesado el derecho a ser oído, respaldado por el artículo 24 de la CE, cuya finalidad es la tramitación de un proceso «con todas las garantías».

Como dispone el apartado 1 del artículo 82 de la Ley 39/2015, de 1 de octubre: «Instruidos los procedimientos, e inmediatamente antes de redactar la propuesta de resolución, se pondrán de manifiesto a los interesados, o en su caso, a sus representantes, para lo que se tendrán en cuenta las limitaciones previstas en su caso en la Ley 19/2013, de 9 de diciembre».

El **trámite de audiencia de los interesados** se llevará a cabo antes de «la solicitud del informe del órgano competente para el asesoramiento jurídico o a la solicitud del dictamen del Consejo de Estado u órgano consultivo equivalente de la comunidad autónoma», siempre que estos formaran parte del procedimiento.

El **plazo para presentar las alegaciones o los documentos que los interesados consideren competentes, será no inferior a 10 días ni superior a 15 días.**

El trámite de audiencia del procedimiento administrativo se menciona en el artículo 105.c) de la CE. Ha sido definido en numerosas ocasiones como «fundamental», pues constituye una **garantía del derecho de defensa.** No obstante, si se omite el trámite de audiencia, las consecuencias son diferentes (anulabilidad o nulidad de pleno derecho) según se trate de un procedimiento sancionador o no. Lo resume la STS, rec. 6076/2009, de 5 de diciembre de 2012, ECLI:ES:TS:2012:8816:

> «Y la falta de audiencia no es determinante por sí sola de indefensión, a salvo de las especialidades del procedimiento sancionador, y por tanto, ya se encauce por la causa del apartado a) o del e) del artículo 62.1, no configura un supuesto de nulidad absoluta, sino de mera anulabilidad, de acuerdo con una constante jurisprudencia (sentencias 3 de marzo de 2004, RC 4353/2001, 17 de diciembre de 2009, RC 4357/2005, 23 de marzo de 2011, RC 4264/2009, y 27 de julio de 2011, RC 4624/2007)».

En la misma línea se pronunció la **STS, rec. 2796/2001, de 16 de marzo de 2005, ECLI:ES:TS:2005:1676,** aclarando que en los procedimientos sancionadores la falta de audiencia se considera lesiva de derecho fundamental y, en consecuencia, motivo de nulidad radical:

> «La sentencia de esta sala de 11 de julio de 2003 resume en lo sustancial la doctrina de este Tribunal en materia de nulidad de actos administrativos derivada de la falta de cumplimiento del trámite de audiencia en un procedimiento no sancionador. En dicha sentencia se afirma que tal falta de audiencia no es, por sí propia, causa de nulidad de pleno derecho, sino que solo puede conducir a la anulación del acto en aquellos casos en los que tal omisión haya producido la indefensión material y efectiva del afectado por la actuación administrativa.
>
> Así, ninguna de las causas de nulidad contempladas en el artículo 62 de la Ley 30/1992, de Régimen Jurídico de las Administraciones Públicas y del Procedimiento Administrativo Común [hoy, art. 47 de la Ley 39/2015] resulta aplicable a la simple falta del trámite de audiencia. No lo es la prevista en la letra a), según la cual son nulos de pleno derecho aquellos actos que lesionen el contenido esencial de los derechos y libertades susceptibles de amparo constitucional, porque el derecho a la defensa solo constituye un derecho susceptible de dicho remedio constitucional en el marco de un procedimiento sancionador, por la aplicación al mismo, aún con cierta flexibilidad, de las garantías propias del proceso penal, según reiterada jurisprudencia del Tribunal Constitucional y de este Tribunal Supremo; fuera de ese ámbito sancionador, la falta del trámite de audiencia

en el procedimiento administrativo e incluso la misma indefensión, si se produce, podrán originar las consecuencias que el ordenamiento jurídico prevea, pero no afectan a un derecho fundamental o libertad pública susceptible de amparo constitucional.

Por otra parte, la falta de un trámite como el de audiencia, por esencial que pueda reputarse, no supone por sí misma que se haya prescindido total y absolutamente del procedimiento legalmente establecido (STS de 13 de octubre de 2000 —recurso de casación 5697/1995—), que puede subsistir aun faltando la sin duda decisiva audiencia del interesado, por lo que tampoco le afecta, en principio, la causa de nulidad de pleno derecho prevista en la letra e) del artículo 62 LRJPAC. Por otra parte, es claro que a la ausencia del trámite de audiencia le es de aplicación de manera muy directa la previsión del apartado 2 del artículo 63 de la Ley 30/1992, que establece la anulabilidad de un acto administrativo por defecto de forma cuando este de lugar a la indefensión del interesado. Y, precisamente, si es esencial el trámite de audiencia, es porque su falta podría determinar que se produjese la efectiva indefensión del afectado. Ahora bien, esa indefensión no equivale a la propia falta del trámite, sino que ha de ser real y efectiva, esto es, para que exista indefensión determinante de la anulabilidad del acto es preciso que el afectado se haya visto imposibilitado de aducir en apoyo de sus intereses cuantas razones de hecho y de derecho pueda considerar pertinentes para ello».

En resumidas cuentas, la falta de audiencia en un procedimiento sancionador determinará, por lo general, la nulidad de pleno derecho de la sanción impuesta; mientras tanto, la falta de audiencia en procedimientos no sancionador determinará la anulabilidad y solamente si se produjo indefensión pues, de lo contrario, será una mera irregularidad no invalidante.

Por lo demás, el trámite de audiencia es, en algunas ocasiones, prescindible. Es lo que nos dice el artículo 82, apartados 3 y 4, de la Ley 39/2015, de 1 de octubre. Se podrá prescindir del trámite de audiencia:

- Cuando los interesados manifiesten su decisión de no efectuar alegaciones ni aportar otros documentos.

- Cuando no vayan a ser tenidos en cuenta en la resolución otros hechos ni otras alegaciones y pruebas que las aducidas por el interesado.

En este sentido se expresan las sentencias del TSJ de Galicia, n.º 320/2016, de 14 de junio, ECLI:ES:TSJGAL:2016:4347, o n.º 237/2018, de 31 de mayo, ECLI:ES:TSJGAL:2018:3142:

«(...) no permite omitir el trámite de audiencia a lo largo del procedimiento, siquiera conferido a su inicio, aunque pueda eludirse en un momento posterior, como dice la norma, si no figuran en el procedimiento ni son tenidos en cuenta en la resolución otros hechos ni otras alegaciones y pruebas que las aducidas por el interesado. Y menos en este caso en que nos encontramos ante un procedimiento que produce efectos desfavorables para el interesado, al que entonces debe dársele la oportunidad de hacer alegaciones frente al inicio del procedimiento y en su caso frente a la propuesta de resolución. Solo de esa manera queda salvaguardado otro derecho reconocido en la Constitución como derecho fundamental, cual es el de defensa reconocido en el artículo 24.2 de la CE».

El Tribunal Supremo por su parte en su **STS n.º 884/2023, de 3 de julio, ECLI:ES:TS:2023:3187**, realiza las siguientes precisiones en relación con la omisión del trámite de audiencia:

- No cabe excluir que en determinadas ocasiones **la omisión del trámite de audiencia al interesado en un procedimiento administrativo puede quedar enervada o subsanada por otras actuaciones colaterales o ulteriores** que materialmente eviten que se produzca indefensión.

- El menoscabo del derecho de defensa que resulta de la omisión del trámite de audiencia respecto de un informe que se ha demostrado determinante del sentido de la resolución **no puede considerarse corregido ni paliado por el hecho de haber tenido el interesado la posibilidad de intentar contradecir aquel informe con ocasión del recurso de reposición.**

Respecto a los procedimientos de responsabilidad patrimonial del artículo 32.9 de la Ley 40/2015, de 1 de octubre, de Régimen Jurídico del Sector Público, se establece como requisito dar audiencia al contratista, quien deberá ser notificado de todas las actuaciones que se produzcan «al efecto de que se persone en el mismo, exponga lo que a su derecho convenga y proponga cuantos medios de prueba estime necesarios».

Artículo 32.9 de la Ley 40/2015, de 1 de octubre

«9. Se seguirá el procedimiento previsto en la Ley de Procedimiento Administrativo Común de las Administraciones Públicas para determinar la responsabilidad de las Administraciones Públicas por los daños y perjuicios causados a terceros durante la ejecución de contratos cuando sean consecuencia de una orden inmediata y directa de la Administración o de los vicios del proyecto elaborado por ella misma (...)».

Todo ello, sin perjuicio de lo que indique la Ley 9/2017, de 8 de noviembre, de Contratos del Sector Público.

Conviene insistir en que la omisión del trámite de audiencia solo constituirá un vicio determinante de anulación del acto o resolución cuando origine **verdadera indefensión**. Hace ya décadas que la jurisprudencia del Tribunal Supremo viene advirtiéndolo. Valga, como ejemplo, la **sentencia del Tribunal Supremo, rec. 10248/1990, de 24 de febrero de 1997, ECLI:ES:TS:1997:1254**:

«(...) Este trámite de audiencia, sólo da lugar, su omisión, a la anulación del acto recurrido cuando el Tribunal constata que la misma ha producido una auténtica situación de indefensión a los recurrentes. Y la parte apelante tuvo posibilidad no sólo de formular alegaciones sino que tuvo también la oportunidad de presentar documentos, consignar datos y aportar pruebas a través de los distintos escritos y recursos presentados, razón por la que no puede afirmarse que se encontrase en situación de indefensión, al haber disfrutado de posibilidades de conocimiento y defensa de eficacia equivalente a la que se puede derivar de la notificación individual, lo que permite aplicar el criterio jurisprudencial de relativización de los vicios de forma expresada en el anterior art. 48.2 LPA (SSTS de 18 de mayo de 1977, 22 de abril y 3 de mayo de 1980, 7 de octubre de 1981 y 18 de marzo de 1987), sin que se trate, como se indica en la alegaciones del apelante, de acudir al precepto de un reglamento nulo, el art. 44, que permitía, frente al art. 79 LPA, sustituir la notificación por la publicación de los actos cuando tienen destinatarios determinados».

Lo reitera, con mayor amplitud, la **STS, rec. 6469/2010, de 8 de noviembre de 2012, ECLI:ES:TS:2012:7033**, recordando la doctrina de la sala:

«En sentencia de esta Sala de 12 de diciembre del 2008 (casación 2076/2005) tuvimos ocasión de recordar que "...la omisión del trámite de audiencia en procedimientos no sancionadores no constituye en sí misma o por sí sola ninguna de las dos causas de nulidad de pleno derecho previstas en las letras a) y e) del número 1 del artículo 62 de la Ley 30/1992, sino que queda regida por la previsión del número 2 del artículo 63 de la misma Ley, de suerte que sólo determinará la anulabilidad del acto dictado en el procedimiento en que se omitió si dio lugar a una indefensión real y efectiva del interesado. En este sentido, y por todas, puede verse la sentencia de 16 de noviembre de 2006 (casación 1860/ 2004), en la que, con cita de otras, se recuerda también que para afirmar si se produjo o no esa situación de indefensión real y efectiva han de valorarse las circunstancias singulares de cada caso en concreto, incluidas las posibilidades de defensa que haya podido proporcionar el propio procedimiento administrativo en que se omitió aquel trámite, el recurso administrativo, si lo hubiere, y el mismo recurso jurisdiccional" .

A lo anterior debe añadirse que, según doctrina consolidada del Tribunal Constitucional, las situaciones de indefensión han de valorarse según las circunstancias de cada caso, y no nacen de la sola y simple infracción de las normas procedimentales sino cuando la vulneración de las normas procesales lleva consigo la privación del derecho a la defensa, con perjuicio real y efectivo para los intereses afectados, no protegiéndose situaciones de simple indefensión formal, sino aquellos supuestos de indefensión material en los que se haya podido razonablemente causar un perjuicio al recurrente, lo que difícilmente se produce por la propia existencia de este proceso contencioso administrativo en el que la parte ha podido esgrimir cuantas razones de fondo ha tenido por convenientes para combatir el acto impugnado (véase, por todas, la STC 35/1989).

En el caso que nos ocupa, la Sala de instancia, aunque a decir verdad sin muchas explicaciones, negó que se hubiese causado indefensión a la recurrente, circunstancia que ha de concurrir para que la omisión del trámite de audiencia pueda proyectar consecuencias anulatorias en la resolución combatida. Y es que en el recurso de alzada que la propia recurrente dirigió contra la aprobación definitiva del Plan de Ordenación y de su Texto Refundido aducía que los aprovechamientos que tenía derecho a conservar (según el convenio suscrito y la previsión de la ficha del sector PP-1) resultaban inviables con la ordenación prevista en el Plan aprobado para ese sector. Por tanto, aunque no se le dio intervención en el recurso de alzada interpuesto por terceros, en su propio recurso de alzada la recurrente tuvo ocasión de manifestar su posición, y efectivamente lo hizo, por lo que no resultó menoscabado materialmente su derecho de defensa».

En la misma línea el **Tribunal Supremo en su sentencia n.º 821/2019, de 13 de junio, ECLI:ES:TS:2019:2032**:

«Así pues, según hemos dicho reiteradamente y como señala la sentencia impugnada, no se produce dicha indefensión material y efectiva cuando, pese a la falta del trámite de audiencia previo a la adopción de un acto administrativo, el interesado ha podido alegar y aportar cuanto ha estimado oportuno. Tal oportunidad de defensa se ha podido producir en el propio procedimiento administrativo que condujo al acto, pese a la ausencia formal de un trámite de audiencia convocado como tal por la Administración; asimismo, el afectado puede contar con la ocasión de ejercer la defensa de sus intereses cuando existe un recurso administrativo posterior; y en último término, esta posibilidad de plena alegación de hechos y de razones jurídicas y consiguiente evitación de la indefensión se puede dar ya ante la jurisdicción contencioso administrativa (entre muchas, pueden verse las sentencias de 26 de enero de 1.979 -RJ 232/1.979 -; de 18 de noviembre de 1.980 -RJ 4546/1.980 -; de 18 de noviembre de 1.980 -RJ 4572/1.980 -; de 30 de noviembre de 1.995 -recurso de casación 945/1.992 -; o, muy recientemente, la de 30 de mayo de 2.003 -recurso de casación 6.313/1.998 -)."».

A TENER EN CUENTA. La posterior utilización del recurso de alzada subsana la anulabilidad derivada de la falta de audiencia (**STS n.º 542/2017, de 29 de marzo, ECLI:ES:TS:2017:1286**):

«(...) según hemos dicho reiteradamente y como señala la sentencia impugnada, no se produce dicha indefensión material y efectiva cuando, pese a la falta del trámite de audiencia previo a la adopción de un acto administrativo, el interesado ha podido alegar y aportar cuanto ha estimado oportuno. Tal oportunidad de defensa se ha podido producir en el propio procedimiento administrativo que condujo al acto, pese a la ausencia formal de un trámite de audiencia convocado como tal por la Administración; asimismo, el afectado puede contar con la ocasión de ejercer la defensa de sus intereses cuando existe un recurso administrativo posterior; y en último término, esta posibilidad de plena alegación de hechos y de razones jurídicas y consiguiente evitación de la indefensión se puede dar ya ante la jurisdicción contencioso administrativa (entre muchas, pueden verse las sentencias de 26 de enero de 1979 —RJ 232/1979—; de 18 de noviembre de 1980 —RJ 4546/1980—; de 18 de noviembre de 1980 —RJ 4572/1980—; de 30 de noviembre de 1995 —recurso de casación 945/1992—; o, muy recientemente, la de 30 de mayo de 2003 —recurso de casación 6313/1998—).

Lo anterior tampoco supone que la simple existencia de recurso administrativo o jurisdiccional posterior subsane de manera automática la falta de audiencia anterior al acto administrativo, puesto que las circunstancias específicas de cada caso pueden determinar que estos recursos no hayan posibilitado, por la razón que sea, dicha defensa eficaz de los intereses del ciudadano afectado, lo que habría de determinar en última instancia la nulidad de aquel acto por haberse producido una indefensión real y efectiva determinante de nulidad en los términos del artículo 63.2 de la Ley 30/1992».

Regulación de la información pública en la LPACAP

El artículo 83 de la Ley 39/2015, de 1 de octubre titulado «información pública», trae causa del artículo 105.b) de la CE. Se establece en aquel precepto que el **trámite de información pública podrá ser acordado por el órgano competente para resolver, mediante un anuncio en el diario oficial correspondiente con el objetivo de que cualquier persona física o jurídica** pueda acceder al expediente o a las partes del mismo que hayan sido acordadas. El anuncio «señalará el lugar de exhibición, debiendo estar en todo caso a disposición de las personas que lo soliciten a través de medios electrónicos en la sede electrónica correspondiente, y determinará el plazo para formular alegaciones, que en ningún caso podrá ser inferior a veinte días».

El artículo 14 de la Ley 19/2013, de 9 de diciembre, de transparencia, acceso a la información pública y buen gobierno, enumera ciertas limitaciones al acceso total del expediente por parte del administrado. En este mismo sentido, encontramos el artículo 45 de la Ley 39/2015, de 1 de octubre: «Los actos administrativos serán objeto de publicación cuando así lo establezcan las normas reguladoras de cada procedimiento o cuando lo aconsejen razones de interés público apreciadas por el órgano competente (...)».

El trámite de información pública no es una concreción del artículo 23 de la CE, relativo al derecho de los ciudadanos *a participar en los asuntos públicos*.

Así lo configura el Tribunal Constitucional en su sentencia n.° 119/1995, de 17 de julio, ECLI:ES:TC:1995:119:

«(...) Se trata de una participación en la actuación administrativa —prevista ya, por cierto, en la legislación anterior a la Constitución—, que no es tanto una manifestación del ejercicio de la soberanía popular cuanto uno de los cauces de los que en un Estado social deben disponer los ciudadanos —bien individualmente, bien a través de asociaciones u otro tipo de entidades especialmente aptas para la defensa de los denominados intereses "difusos"— para que su voz pueda ser oída en la adopción de las decisiones que les afectan. Dicho derecho, cuya relevancia no puede ser discutida, nace, sin embargo, de la Ley y tiene —con los límites a que antes hemos aludido— la configuración que el legislador quiera darle; no supone, en todo caso, una participación política en sentido estricto, sino una participación —en modo alguno desdeñable— en la actuación administrativa, de carácter funcional o procedimental, que garantiza tanto la corrección del procedimiento cuanto los derechos e intereses legítimos de los ciudadanos».

Por tanto, **la realización del trámite de información pública no es de carácter obligatorio**, sino que vendrá determinado por la naturaleza del procedimiento. Son pocas las normas que establecen la obligatoriedad de este trámite. A título de ejemplo, el artículo 49.b) de la Ley 7/1985, de 2 de abril, reguladora de las Bases del Régimen Local dispone:

«La aprobación de las ordenanzas locales se ajustará al siguiente procedimiento:
a) Aprobación inicial por el Pleno.
b) Información pública y audiencia a los interesados por el plazo mínimo de treinta días para la presentación de reclamaciones y sugerencias (...)».

En lo que concierne a la **ausencia de información** pública como vicio determinante de la nulidad del procedimiento, la **sentencia del Tribunal Supremo, rec. 10248/1990, de 24 de febrero de 1997, ECLI:ES:TS:1997:1254**, es tajante:

«(...) la jurisprudencia de esta Sala se niega a declarar sistemáticamente la nulidad por omisión de la información pública, salvo cuando viene preceptivamente impuesta por la legislación sectorial aplicable, como es el caso de autos, en el que se ha cumplido tal como viene regulada (SSTS de 29 de noviembre de 1982 y 20 de abril de 1985) (...)».

El apartado 3 del artículo 83 de la LPACAP posibilita la presentación del recurso pertinente contra la resolución, a pesar de no haber comparecido en el trámite de información pública, y añade que «la comparecencia en el trámite de información pública no otorga, por sí misma, la condición de interesado. No obstante, quienes presenten alegaciones u observaciones en este trámite tienen derecho a obtener de la Administración una respuesta razonada, que podrá ser común para todas aquellas alegaciones que planteen cuestiones sustancialmente iguales».

Asimismo, el apartado 4 del artículo 83 de la Ley 39/2015, de 1 de octubre, establece que las Administraciones públicas podrán regular «otras formas, medios y cauces de participación de las personas, directamente o a través de las organizaciones y asociaciones reconocidas por la ley en el procedimiento en el que se dictan los actos administrativos».

5
FINALIZACIÓN DEL PROCEDIMIENTO ADMINISTRATIVO

Regulación de la finalización del procedimiento administrativo

La Ley 39/2015, de 1 de octubre, bajo el rótulo de «**Finalización del procedimiento**», dedica el capítulo V del título IV a regular las formas de finalización del procedimiento administrativo. Esta regulación se divide en cuatro secciones:

- **Sección 1.ª**, en la que se establecen las «**Disposiciones generales**» acerca de la terminación del procedimiento, con mención especial a los procedimientos sancionadores y a la terminación convencional (artículos 84 a 86 de la LPAC).

- **Sección 2.ª**, «**Resolución**», que recoge las actuaciones complementarias que puedan realizarse, así como el contenido de la resolución y las especialidades de los procedimientos de carácter sancionador y de responsabilidad patrimonial (artículos 87 a 92 de la LPAC).

- **Sección 3.ª**, «**Desistimiento y renuncia**», que regula la terminación anormal del procedimiento administrativo (artículos 93 a 94 de la LPAC).

- **Sección 4.ª**, «**Caducidad**», en este caso, del procedimiento administrativo (artículo 95 de la LPAC).

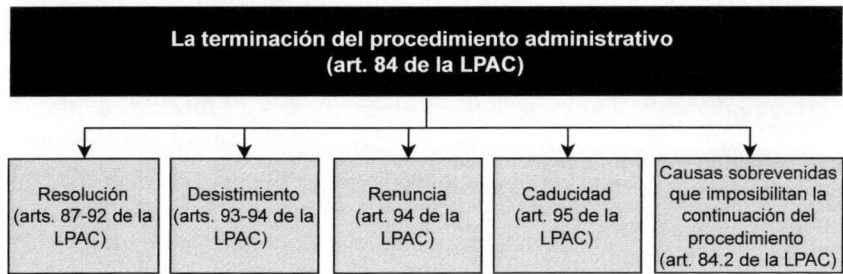

La terminación del procedimiento administrativo (art. 84 de la LPAC)				
Resolución (arts. 87-92 de la LPAC)	Desistimiento (arts. 93-94 de la LPAC)	Renuncia (art. 94 de la LPAC)	Caducidad (art. 95 de la LPAC)	Causas sobrevenidas que imposibilitan la continuación del procedimiento (art. 84.2 de la LPAC)

5.1. Cuestiones generales

¿Cómo puede finalizar el procedimiento administrativo?

El artículo 84 de la LPACAP establece las **distintas formas por las cuales podrá ponerse fin al procedimiento** administrativo:

> «1. Pondrán fin al procedimiento la resolución, el desistimiento, la renuncia al derecho en que se funde la solicitud, cuando tal renuncia no esté prohibida por el ordenamiento jurídico, y la declaración de caducidad.
> 2. También producirá la terminación del procedimiento la imposibilidad material de continuarlo por causas sobrevenidas. La resolución que se dicte deberá ser motivada en todo caso».

Asimismo, el artículo 86 de la LPACAP establece otra posibilidad de finalización del procedimiento administrativo: la **terminación convencional**.

A través de la terminación convencional, las Administraciones públicas podrán llegar a acuerdos, pactos, convenios o contratos, con personas tanto de derecho público como privado, siempre que estos no contraríen el ordenamiento jurídico y cuyo objetivo sea «satisfacer el interés público que tienen encomendado» y, con el límite de que no tenga por objeto materias no susceptibles de transacción. La terminación convencional del procedimiento administrativo está sometida al principio de legalidad.

Esta forma de finalización del procedimiento es recurrente en el acuerdo indemnizatorio de los procedimientos de responsabilidad patrimonial de las Administraciones públicas (art. 86.5 de la LPACAP); o en los procedimientos de expropiación forzosa, mediante el convenio expropiatorio (art. 24 de la Ley de Expropiación Forzosa).

Como contenido mínimo se exige (art. 86.2 de la LPACAP) «(...) la identificación de las partes intervinientes, el ámbito personal, funcional y territorial, y el plazo de vigencia, debiendo publicarse o no según su naturaleza y las personas a las que estuvieran destinados». Asimismo, aquellos asuntos cuya competencia corresponda al Consejo de ministros u órgano equivalente de las CCAA, requerirán de su **aprobación expresa**.

Sin embargo, de acuerdo con el artículo 86.4 de la LPACAP «los acuerdos que se suscriban no supondrán alteración de las competencias atribuidas a los órganos administrativos, ni de las responsabilidades que correspondan a las autoridades y funcionarios, relativas al funcionamiento de los servicios públicos».

Respecto a los procedimientos de responsabilidad patrimonial en los que exista acuerdo entre las partes, habrá de fijarse tanto la cuantía como el modo de indemnización, atendiendo a los criterios que establece el artículo 34 de la Ley 40/2015, de 1 de octubre:

> «1. Solo serán indemnizables las lesiones producidas al particular provenientes de daños que este no tenga el deber jurídico de soportar de

acuerdo con la Ley. No serán indemnizables los daños que se deriven de hechos o circunstancias que no se hubiesen podido prever o evitar según el estado de los conocimientos de la ciencia o de la técnica existentes en el momento de producción de aquellos, todo ello sin perjuicio de las prestaciones asistenciales o económicas que las leyes puedan establecer para estos casos.

En los casos de responsabilidad patrimonial a los que se refiere los apartados 4 y 5 del artículo 32, serán indemnizables los daños producidos en el plazo de los cinco años anteriores a la fecha de la publicación de la sentencia que declare la inconstitucionalidad de la norma con rango de ley o el carácter de norma contraria al Derecho de la Unión Europea, salvo que la sentencia disponga otra cosa.

2. La indemnización se calculará con arreglo a los criterios de valoración establecidos en la legislación fiscal, de expropiación forzosa y demás normas aplicables, ponderándose, en su caso, las valoraciones predominantes en el mercado. En los casos de muerte o lesiones corporales se podrá tomar como referencia la valoración incluida en los baremos de la normativa vigente en materia de Seguros obligatorios y de la Seguridad Social.

3. La cuantía de la indemnización se calculará con referencia al día en que la lesión efectivamente se produjo, sin perjuicio de su actualización a la fecha en que se ponga fin al procedimiento de responsabilidad con arreglo al Índice de Garantía de la Competitividad, fijado por el Instituto Nacional de Estadística, y de los intereses que procedan por demora en el pago de la indemnización fijada, los cuales se exigirán con arreglo a lo establecido en la Ley 47/2003, de 26 de noviembre, General Presupuestaria, o, en su caso, a las normas presupuestarias de las comunidades autónomas.

4. La indemnización procedente podrá sustituirse por una compensación en especie o ser abonada mediante pagos periódicos, cuando resulte más adecuado para lograr la reparación debida y convenga al interés público, siempre que exista acuerdo con el interesado».

Por último, tratándose de **procedimientos sancionadores**, pueden finalizar cuando el infractor reconozca su responsabilidad, de modo que el procedimiento se resolverá con la imposición de la sanción que proceda (art. 85.1 de la LPACAP).

Si la referida sanción tiene carácter pecuniario, el pago voluntario por parte del presunto responsable antes de emitir la resolución, implicará la terminación del procedimiento, «**salvo** en lo relativo a la reposición de la situación alterada o a la determinación de la indemnización por los daños y perjuicios causados por la comisión de la infracción».

El órgano competente para imponer las sanciones de carácter pecuniario podrá aplicar reducciones de, al menos, el 20 %, sobre el importe de la sanción impuesta, siendo acumulables entre sí. La reducción se indicará en la notificación de iniciación del procedimiento y el pago de la misma conlleva **la pérdida del derecho a recurrir la sanción en vía administrativa**. El porcentaje del 20 % mencionado podrá incrementarse reglamentariamente.

CUESTIÓN

Una persona comete una infracción administrativa por la cual se inicia un procedimiento sancionador. Una vez se le notifica la resolución, esta persona reconoce su responsabilidad y se acoge al pago voluntario de la sanción. ¿Qué reducción se le hará sobre el importe de la sanción?

Como mínimo se le reducirá un 40 %. El art. 85.3 de la Ley 39/2015, de 1 de octubre señala: «En ambos casos, cuando la sanción tenga únicamente carácter pecuniario, el órgano competente para resolver el procedimiento aplicará reducciones de, al menos, el 20 % sobre el importe de la sanción propuesta, siendo éstos acumulables entre sí (...)». Del precepto se deduce que en aquellos supuestos en los que el imputado no solo reconozca su responsabilidad sino que, además, proceda a efectuar el pago anticipado deben acumularse las reducciones mínimas —20 % por el reconocimiento, 20 % por pago anticipado— así, lo ha reconocido el Tribunal Supremo en su sentencia n.º 1260/2022, de 6 de octubre, ECLI:ES:TS:2022:3576.

5.2. Resolución del procedimiento

La resolución administrativa y actuaciones complementarias en la LPACAP

La resolución es la decisión que adopta el órgano administrativo y que pone fin al procedimiento. El art. 21 de la LPACAP obliga a la Administración a «(...) a dictar resolución expresa y a notificarla en todos los procedimientos cualquiera que sea su forma de iniciación». Y, además, en la resolución deberá decidir todas las cuestiones que hayan sido planteadas, así como las que se derivan del procedimiento (art. 88.1 de la LPACAP).

Con anterioridad al momento de la resolución, el órgano competente para emitirla podrá acordar de manera motivada «la realización de las actuaciones complementarias indispensables para resolver el procedimiento» conforme al art. 87 de la LPACAP. Los informes que se añadan al expediente con carácter previo a la propuesta de resolución no se considerarán actuaciones complementarias.

El acuerdo de realización de las actuaciones complementarias se notificará a los interesados y se les concederá un plazo de 7 días para presentar las alegaciones que consideren pertinentes. El plazo para la realización de estas actuaciones no será superior a 15 días, quedando entre tanto suspendido el plazo para resolver (art. 87 de la LPACAP).

Por lo que respecta al **contenido de la resolución** (art. 88 de la LPACAP) deberá hacer referencia a todas las cuestiones planteadas por los interesados, dando así satisfacción al principio de congruencia. En el caso de las cuestiones conexas, el órgano competente podrá pronunciarse sobre ellas, aunque no hubieran sido planteadas por los interesados, «(...) poniéndolo antes de manifiesto a aquellos por un plazo no superior a quince días, para que formulen las alegaciones que estimen pertinentes y aporten, en su caso, los medios de prueba». Por lo tanto, se exige como requisito ineludible la previa audiencia de las partes.

Cuando el procedimiento se incoe a solicitud del interesado, su situación inicial no podrá verse agravada en **ningún caso**, sin perjuicio de que la Administración pueda iniciar de oficio un nuevo procedimiento, si procede. Se prohíbe, así, expresamente, la *reformatio in peius*. Se trata de una novedad, ligada al deber de resolver de la Administración, introducida en la Ley 39/2015, de 1 de octubre, ya que en la anterior LRJPAC solamente se contemplaba en el caso de los recursos administrativos.

Asimismo, el apartado tercero del art. 88 de la LPACAP señala «las resoluciones contendrán la decisión, que será motivada en los casos a que se refiere el artículo 35. Expresarán, además, los recursos que contra la misma procedan, órgano administrativo o judicial ante el que hubieran de presentarse y plazo para interponerlos, sin perjuicio de que los interesados puedan ejercitar cualquier otro que estimen oportuno». Este último inciso reitera la obligada instrucción sobre los recursos pertinentes, ya establecida en el artículo 40.3 de la LPACAP.

El artículo 35 de la LPACAP, titulado **«Motivación»**, establece qué actuaciones administrativas serán motivadas:

> «(...) con sucinta referencia de hechos y fundamentos de derecho:
> a) Los actos que limiten derechos subjetivos o intereses legítimos.
> b) Los actos que resuelvan procedimientos de revisión de oficio de disposiciones o actos administrativos, recursos administrativos y procedimientos de arbitraje y los que declaren su inadmisión.
> c) Los actos que se separen del criterio seguido en actuaciones precedentes o del dictamen de órganos consultivos.
> d) Los acuerdos de suspensión de actos, cualquiera que sea el motivo de ésta, así como la adopción de medidas provisionales previstas en el artículo 56.
> e) Los acuerdos de aplicación de la tramitación de urgencia, de ampliación de plazos y de realización de actuaciones complementarias.
> f) Los actos que rechacen pruebas propuestas por los interesados.
> g) Los actos que acuerden la terminación del procedimiento por la imposibilidad material de continuarlo por causas sobrevenidas, así como los que acuerden el desistimiento por la Administración en procedimientos iniciados de oficio.
> h) Las propuestas de resolución en los procedimientos de carácter sancionador, así como los actos que resuelvan procedimientos de carácter sancionador o de responsabilidad patrimonial.
> i) Los actos que se dicten en el ejercicio de potestades discrecionales, así como los que deban serlo en virtud de disposición legal o reglamentaria expresa.
> 2. La motivación de los actos que pongan fin a los procedimientos selectivos y de concurrencia competitiva se realizará de conformidad con lo que dispongan las normas que regulen sus convocatorias, debiendo, en todo caso, quedar acreditados en el procedimiento los fundamentos de la resolución que se adopte».

La exigencia de motivación de las actuaciones administrativas está directamente relacionada con los principios de un Estado de Derecho (art. 1.1 de la CE) y con el carácter vinculante que para las Administraciones públicas tiene la ley, a cuyo imperio están sometidas en el ejercicio de sus potestades (arts. 103.1 de la CE y 3.1 de la Ley 40/2015, de 1 de octubre). Así pues, todas las resoluciones administrativas están sujetas a la exigencia de motivación (art. 88.3 de la LPAC). Al respecto, nos dice la **STS, rec. 451/2001, de 3 de diciembre de 2002, ECLI:ES:TS:2002:8073**:

> «(...) El deber de motivar —deber, porque está previsto en la ley, convirtiéndose en obligación al proyectarse a cada concreto supuesto— es un derecho subjetivo público del interesado no solo en el ámbito sancionador sino en todos los sectores de la actuación administrativa: la Administración ha de dar siempre y en todo caso, razón de sus actos, incluso en el ámbito de su potestad discrecional, cuyos elementos reglados (competencia, adecuación a los fines que la legitiman, etc.), cuyos presupuestos, y cuya sujeción a los principios generales son aspectos o facetas que son siempre controlables».

La **sentencia del Tribunal Supremo rec. 161/2009, de 11 de febrero de 2011, ECLI:ES:TS:2011:555**:

> «(...) **la motivación puede contenerse en el propio acto, o bien puede realizarse por referencia a informes o dictámenes**, ex artículo 89.5 de la Ley 30/1992, cuando se incorporen al texto de la misma. Ahora bien, esta exigencia de la incorporación de los informes, contenida en el mentado artículo 89.5 " in fine ", ha sido matizada por la jurisprudencia de este Tribunal Supremo --Sentencias de 21 de noviembre de 2005, 12 de julio de 2004, 7 de julio de 2003, 16 de abril de 2001, 14 de marzo de 2000 y 31 de julio de 1990 -- en el sentido de considerar que si tales informes constan en el expediente administrativo y el destinatario ha tenido cumplido acceso al mismo, la motivación mediante esta técnica " in aliunde " satisface las exigencias de la motivación, pues permite el conocimiento por el receptor del acto de la justificación de lo decidido por la Administración».

> **A TENER EN CUENTA.** La referencia al artículo 89.5 de la Ley 30/1992, contenida en el anterior extracto de la sentencia, ha de entenderse hecha al artículo 88.6 de la LPACP.

Por otro lado, conviene retener que **la motivación de las resoluciones administrativas tiene un doble fundamento**:

- **Erradicar la arbitrariedad** de la Administración.
- **Dar a conocer al interesado las razones por las que se ha tomado la decisión**, posibilitando así el ejercicio de los recursos.

En este sentido el Tribunal Supremo se ha pronunciado en la **sentencia n.º 713/2020, de 9 de junio, ECLI:ES:TS:2020:1716**, en la que señala:

> «La motivación constituye un requisito imprescindible en todo acto administrativo en la medida en que supone la exteriorización de las razones que sirven de justificación o fundamento a la concreta solución jurídica adoptada por la Administración. Este requisito, de obligado cumplimiento

en el específico marco que nos movemos conforme preceptúa el artículo 35 de la Ley 39/2015, de 1 de octubre, de Procedimiento Administrativo Común Jurídico de las Administraciones Públicas y del Procedimiento Administrativo Común, resulta de especial relevancia desde la perspectiva de la defensa del administrado ya que es la explicitación o exteriorización de las razones de la decisión administrativa la que le permita articular los concretos medios y argumentos defensivos que a su derecho interese y, además, permite que los Tribunales puedan efectuar el oportuno control jurisdiccional. La exigencia de motivación no exige, empero, una argumentación extensa, sino que, por contra, basta con una justificación razonable y suficiente que contenga los presupuestos de hecho y los fundamentos de Derecho que justifican la concreta solución adoptada».

El artículo 88.5 de la Ley 39/2015, de 1 de octubre, establece expresamente en el ámbito administrativo la prohibición del *non liquet* (términos latinos que significan literalmente «no está claro») aplicable históricamente a los órganos judiciales (art. 1.7 del Código Civil). Se trata de una prohibición expresa, por la cual, **en ningún caso,** la Administración podrá abstenerse de resolver so pretexto de silencio, oscuridad o insuficiencia de los preceptos legales aplicables al caso. Abunda esta norma en la idea de que el silencio de la Administración, además de una grosería hacia el administrado, es una patología propia de una *mala praxis.*

Lo que sí podrá hacer es acordar la inadmisión de las solicitudes de reconocimiento de derechos que no estén previstos en el ordenamiento jurídico o que se encuentren manifiestamente carentes de fundamento, sin perjuicio del derecho de petición previsto por el artículo 29 de la CE: «Todos los españoles tendrán el derecho de petición individual y colectiva, por escrito, en la forma y con los efectos que determine la ley (...)».

Por último, en los casos en los que la **instrucción y la resolución correspondan a órganos diferentes,** se establece la obligación de que el órgano instructor eleve propuesta de resolución al órgano competente para resolver. En los procedimientos de carácter sancionador, la propuesta de resolución se notificará a los interesados de la manera que establece el artículo 89 de la LPAC, que veremos a continuación.

Respecto a la **forma en la que será comunicada la resolución**, se realizará electrónicamente, garantizando la identidad del órgano competente, la autenticidad y la integridad del documento, sin perjuicio de que el interesado hubiera señalado una forma y lugar distintos (cf. art. 41 de la LPACAP).

Como conclusión y de manera esquemática, podemos decir que los requisitos del contenido de la resolución son los siguientes:

- La congruencia.
- La prohibición de la *reformatio in peius*.
- La adecuación al ordenamiento jurídico, íntimamente ligado al principio de legalidad.
- La forma.
- La motivación.

La propuesta de resolución y la resolución en los procedimientos de carácter sancionador (artículos 89 a 90 de la LPACAP)

El artículo 89.1 de la LPACAP establece que el órgano instructor resolverá el procedimiento con archivo de las actuaciones y sin propuesta de resolución, cuando concurra alguna de las siguientes circunstancias:

«a) La inexistencia de los hechos que pudieran constituir la infracción.

b) Cuando lo hechos no resulten acreditados.

c) Cuando los hechos probados no constituyan, de modo manifiesto, infracción administrativa.

d) Cuando no exista o no se haya podido identificar a la persona o personas responsables o bien aparezcan exentos de responsabilidad.

e) Cuando se concluyera, en cualquier momento, que ha prescrito la infracción».

La propuesta de resolución en estos procedimientos indicará a los interesados «(...) la puesta de manifiesto del procedimiento y el plazo para formular alegaciones y presentar los documentos e informaciones que se estimen pertinentes».

En la propuesta de resolución «se fijarán de forma motivada los hechos que se consideren probados y su exacta calificación jurídica, se determinará la infracción (...), la persona o personas responsables y la sanción que se proponga, la valoración de las pruebas practicadas, (...) así como las medidas provisionales que, en su caso, se hubieran adoptado. Cuando la instrucción concluya la inexistencia de infracción o responsabilidad y no se haga uso de la facultad prevista en el apartado primero, la propuesta declarará esa circunstancia».

El carácter imprescindible de la notificación de la propuesta de resolución ha resultado matizado por la jurisprudencia así lo ha recogido la **sentencia del TSJ de Galicia n.º 285/2022, de 5 de julio, ECLI:ES:TSJGAL:2022:4726**:

«Pero el carácter imprescindible de la notificación de la propuesta de resolución ha resultado matizada por la Jurisprudencia en base a que no resulta necesaria cuando en un trámite previo se le informó cumplidamente de los hechos imputados, la infracción que constituyen y la sanción que podrían llevar aparejada, haciéndolo en los siguientes términos:

St. del T.S. de 3 de noviembre de 2003 (Recurso 4896/2000).

c) Como ha señalado esta Sala, el derecho a ser informado de la acusación, que con la categoría de fundamental se garantiza en el artículo 24.2 de la Constitución, se satisface normalmente en el procedimiento administrativo sancionador a través de la notificación de la propuesta de resolución, pues es en ésta donde se contiene un pronunciamiento preciso acerca de la responsabilidad que se imputa, integrado, cuando menos, por la definición de la conducta infractora que se aprecia, y su subsunción en un concreto tipo infractor, y por la consecuencia punitiva que a aquélla se liga en el caso de que se trata.

No obstante, aquel trámite podrá dejar de ser imprescindible, desde la óptica de la plena satisfacción del derecho fundamental citado, si en un trámite anterior se notificó aquel pronunciamiento preciso (Cfr. STS 25 y 26 de mayo, y 22 de abril, y 27 de septiembre de 1999).

d) Para apreciar la existencia de lesión constitucional, no basta la existencia de un defecto procedimental, sino que es igualmente necesario que éste se haya traducido en indefensión material, esto es, en un perjuicio real y efectivo, nunca potencial y abstracto, de las posibilidades de defensa en un procedimiento con las necesarias garantías (SSTC 15/1995, de 24 de enero y 1/2000, de 17 de enero)».

En lo que concierne al **contenido de la resolución de los procedimientos sancionadores**, el artículo 90 de la LPACAP establece lo siguiente:

«(...) la resolución incluirá la valoración de las pruebas practicadas, en especial aquellas que constituyan los fundamentos básicos de la decisión, fijarán los hechos y, en su caso, la persona o personas responsables, la infracción o infracciones cometidas y la sanción o sanciones que se imponen, o bien la declaración de no existencia de infracción o responsabilidad.

2. En la resolución no se podrán aceptar hechos distintos de los determinados en el curso del procedimiento, con independencia de su diferente valoración jurídica. No obstante, cuando el órgano competente para resolver considere que la infracción o la sanción revisten mayor gravedad que la determinada en la propuesta de resolución, se notificará al inculpado para que aporte cuantas alegaciones estime convenientes en el plazo de quince días.

3. La resolución que ponga fin al procedimiento será **ejecutiva** cuando no quepa contra ella ningún recurso ordinario en vía administrativa, pudiendo adoptarse en la misma las disposiciones cautelares precisas para garantizar su eficacia en tanto no sea ejecutiva y que podrán consistir en el mantenimiento de las medidas provisionales que en su caso se hubieran adoptado.

Cuando la resolución sea ejecutiva, se podrá suspender cautelarmente, si el interesado manifiesta a la Administración su intención de interponer recurso contencioso-administrativo contra la resolución firme en vía administrativa. Dicha suspensión cautelar finalizará cuando:

a) Haya transcurrido el plazo legalmente previsto sin que el interesado haya interpuesto recurso contencioso administrativo.

b) Habiendo el interesado interpuesto recurso contencioso-administrativo:

1.º No se haya solicitado en el mismo trámite la suspensión cautelar de la resolución impugnada.

2.º El órgano judicial se pronuncie sobre la suspensión cautelar solicitada, en los términos previstos en ella.

(...)».

La resolución en los procedimientos de responsabilidad patrimonial (arts. 91 a 92 de la LPACAP)

Los procedimientos de responsabilidad patrimonial tienen una serie de características en cuanto al contenido que se exige en su resolución. El artículo 91 de la LPACAP establece que la resolución deberá pronunciarse acerca de los siguientes extremos:

- La existencia de relación de causalidad entre el funcionamiento del servicio público y la lesión producida.

- La cuantía y el modo de la indemnización, de acuerdo con los criterios establecidos en el artículo 34 de la Ley 40/2015, de 1 de octubre.

Si transcurridos seis meses desde que se inició el procedimiento no ha recaído ni se ha notificado resolución expresa, «podrá entenderse que la resolución es contraria a la indemnización del particular». Por lo tanto, en estos casos, el silencio se entenderá desestimatorio.

Respecto a los órganos competentes para resolver, dependerá en función de cuál sea la Administración inmersa en el procedimiento, tal y como establece el artículo 92 de la LPACAP:

> «En el ámbito de la **Administración General del Estado**, los procedimientos de responsabilidad patrimonial se resolverán por el Ministro respectivo o por el Consejo de Ministros en los casos del apdo. 3 del artículo 32 Ley 40/2015, de 1 de octubre o cuando una ley así lo disponga.
>
> En el ámbito autonómico y local, los procedimientos de responsabilidad patrimonial se resolverán por los órganos correspondientes de las Comunidades Autónomas o de las Entidades que integran la Administración Local.
>
> En el caso de las **Entidades de Derecho Público**, las normas que determinen su régimen jurídico podrán establecer los órganos a quien corresponde la resolución de los procedimientos de responsabilidad patrimonial. En su defecto, se aplicarán las normas previstas en este artículo».

5.3. Desistimiento, renuncia y caducidad del procedimiento administrativo

Renuncia y desistimiento en el procedimiento administrativo

Respecto a la finalización del procedimiento, ya hemos visto la terminación común que es la resolución; la terminación por acuerdo, pacto, contrato o convenio que es la terminación convencional y, finalmente, la ley recoge **otros modos de terminación anormal del procedimiento**. Estos últimos son el **desistimiento** y la **renuncia**, en los que el interesado manifiesta su voluntad de abandonar la solicitud que dio lugar al procedimiento, sin perjuicio de que pueda volver a iniciar otro nuevo (en el caso del desistimiento) o abandonar totalmente derecho en que aquella solicitud se basó (en el supuesto de la renuncia).

Por tanto, mientras que el desistimiento consiste en «abandonar» la solicitud y el procedimiento iniciado, la renuncia, por su parte, consiste en abandonar el derecho que se pretende hacer valer a través de aquella. El desistimiento limita sus efectos al procedimiento y no a la pretensión que se formula; mientras que la renuncia recae sobre la pretensión. Ambas circunstancias pueden darse en dos escenarios diferentes:

‖ Desistimiento por parte de la Administración

El artículo 93 de la LPACAP indica que, en los procedimientos iniciados de oficio, la Administración podrá desistir, motivadamente, en los supuestos y con los requisitos previstos en las leyes.

El desistimiento de la Administración no es una facultad totalmente libre, a diferencia de lo que acontece con el desistimiento de la persona interesada. Solo cuando esté previsto por la ley, y además motivadamente, la Administración podrá desistir de un procedimiento iniciado de oficio. Esta norma es coherente con el carácter restrictivo que ha de tener esta posibilidad de deshacer y dejar sin efecto el procedimiento iniciado, despejando cualquier duda de arbitrariedad y asegurando que el desistimiento esté orientado al logro de algún fin de interés general.

A TENER EN CUENTA. En materia de expropiación forzosa, el desistimiento de la Administración tiene un límite temporal. La Administración expropiante no puede desistir de la expropiación ya iniciada después de la ocupación o de la fijación del justiprecio así lo ha señalado la **STS n.º 1255/2018, de 17 de julio, ECLI:ES:TS:2018:2967**: *«(...) el momento en virtud del cual la Administración expropiante no puede desistir de la expropiación ya iniciada es el de la fijación del justiprecio en vía administrativa, con independencia de que se impugne en vía contencioso-administrativa; si bien en los supuestos en que se proceda a la ocupación real y efectiva de los bienes, será dicha fecha de ocupación la que imposibilitará el desistimiento de la expropiación».*

En materia de contratos públicos, el desistimiento no se encuentra específicamente previsto entre las causas generales de resolución recogidas en el artículo 211 de la Ley 9/2017, de 8 de noviembre, de Contratos del Sector Público (en adelante, LCSP). Habrá que atender a las causas señaladas específicamente para cada categoría de contrato (letra h, del artículo 211.1 de la LCSP). El desistimiento, como causa concreta de resolución con la correspondiente indemnización al contratista, se prevé en el contrato de obras (artículo 245, letra d y artículo 246 de la LCSP), en el contrato de suministro (arts. 306 y 307 de la LCSP) y en el de servicios (art. 313 de la LCSP).

Existe otro tipo de desistimiento en materia contractual: el «desistimiento del procedimiento de adjudicación por la Administración», recogido en el artículo 152 de la LCSP y referido a cualquiera de los contratos administrativos. Se trata de la posibilidad que tiene el órgano de contratación de desistir del procedimiento «antes de la formalización» del contrato. La viabilidad del desistimiento depende de que se cumplan los siguientes presupuestos:

- **Temporal**: el acuerdo ha de ser anterior a la formalización del contrato.

- **Material**: debe fundarse en una infracción no subsanable de las normas de preparación del contrato o de las reguladoras del procedimiento de adjudicación.

- **Formal**: en el expediente debe justificarse debidamente la concurrencia de la causa.

- **Indemnizatorio**: han de ser compensados económicamente los candidatos aptos para participar en la licitación o licitadores, por los gastos en que hayan incurrido.

|| Desistimiento y renuncia por los interesados

El artículo 94 de la LPACAP indica lo siguiente:

«1. Todo interesado podrá desistir de su solicitud o, cuando ello no esté prohibido por el ordenamiento jurídico, renunciar a sus derechos.

2. Si el escrito de iniciación se hubiera formulado por dos o más interesados, el desistimiento o la renuncia solo afectará a aquellos que la hubiesen formulado.

3. Tanto el desistimiento como la renuncia podrán hacerse por cualquier medio que permita su constancia, siempre que incorpore las firmas que correspondan de acuerdo con lo previsto en la normativa aplicable.

4. La Administración aceptará de plano el desistimiento o la renuncia, y declarará concluso el procedimiento salvo que, habiéndose personado en el mismo terceros interesados, instasen estos su continuación en el plazo de diez días desde que fueron notificados del desistimiento o renuncia (...)».

El apartado 5 de este artículo establece un límite indicando lo siguiente: «Si la cuestión suscitada por la incoación del procedimiento entrañase interés general o fuera conveniente sustanciarla para su definición y esclarecimiento, la Administración podrá limitar los efectos del desistimiento o la renuncia al interesado y seguirá el procedimiento».

A TENER EN CUENTA. Tanto el desistimiento como la renuncia conllevan la finalización del procedimiento, pero con una diferencia. El desistimiento concluye el procedimiento en curso, pero no impide que en el futuro se pueda abrir un nuevo expediente; sin embargo, la renuncia impide comenzar otro procedimiento para hacer valer la misma pretensión.

Caducidad del procedimiento administrativo

La **caducidad** es otro de los modos de terminación anormal del procedimiento administrativo. Viene regulada en el artículo 95 de la LPACAP. Nos referimos aquí únicamente a la caducidad por causa imputable al interesado, debido a su inactividad en el transcurso del tiempo.

Cuando se produzca la paralización de un expediente iniciado a solicitud del interesado, la Administración tiene la carga de advertirle que, transcurridos tres meses desde tal paralización, se producirá la caducidad del procedimiento. Una vez consumido ese plazo sin que el particular reanude la tramitación, la Administración acordará el archivo de las actuaciones notificándoselo al interesado. Dicha inactividad no tendrá otro efecto que la pérdida de su derecho al referido trámite; contra la resolución que declare la caducidad procederán los recursos pertinentes.

Reiterada jurisprudencia, entre la que cabe citar, por ejemplo, la **sentencia del Tribunal Supremo n.º 760/1987, de 2 de julio, ECLI:ES:TS:1987:4649,** lo indica así:

«La caducidad, forma extintiva del procedimiento, (...) exige la concurrencia de dos factores, uno objetivo con su ingrediente temporal y otro subjetivo. Así, se configura como la inactividad culpable durante un período determinado y, en definitiva, con una presunción implícita de abandono o apartamiento, según refleja la conexión explícita con el régimen del desistimiento y de la renuncia. La paralización de un expediente por causa imputable al interesado permite a la oficina administrativa declarar la caducidad de las actuaciones y ordenar su archivo, si previamente lo advierte al peticionario y este prolonga su inactividad o silencio durante tres meses. Tal regla, común en sus líneas generales para todo tipo de procedimientos, incluso los judiciales, ha sido llevada también al económico-administrativo, que no es sino una modalidad del ordinario, con las peculiaridades inherentes a esta vía de reclamación por mor de la materia y la singular estructura orgánica».

La caducidad del procedimiento no va ligada a la prescripción de las acciones del particular o de la Administración. Por ello, el procedimiento caducado no implica la prescripción de las acciones, pero tampoco la interrumpe, pudiendo iniciarse un nuevo procedimiento siempre que no haya prescrito la acción. En este sentido se manifiesta la **sentencia de la Audiencia Nacional, rec. 718/2018, de 20 de enero de 2020, ECLI:ES:AN:2020:304**:

«(...) se ha pronunciado este tribunal, en sendas sentencias de fecha 14/12/2018 y 13/05/2019, señalando que el punto de partida debe ser que la caducidad no impide el inicio dc un nuevo procedimiento mientras no exista prescripción y que las actuaciones realizadas en un procedimiento caducado mantienen su validez y eficacia a efectos probatorios. La falta de declaración expresa de caducidad es una irregularidad formal irrelevante, pues, en ningún caso, es un requisito esencial en la regulación legal, ni produce indefensión».

Asimismo, la **sentencia del Tribunal Supremo n.º 438/2018, de 19 de marzo, ECLI:ES:TS:2018:1148**, lo explica del siguiente tenor:

«Los actos y resoluciones administrativas han de dictarse en un procedimiento válido, ello constituye una exigencia básica de nuestro ordenamiento administrativo que se plasma en numerosos preceptos (...) llegándose a sancionar con la nulidad de pleno derecho los actos dictados prescindiendo total y absolutamente del procedimiento establecido (...). De modo que si el procedimiento ha devenido invalido o inexistente, como consecuencia de su caducidad, ha dejado de ser un cauce adecuado para dictar una resolución administrativa valida que decida sobre el fondo, por lo que la Administración está obligada a reiniciar uno nuevo (...)».

En el resto de los casos, en los que la caducidad del procedimiento sea imputable a la Administración, podrá incurrir en responsabilidad su personal, tal y como establece el artículo 21.6 de la Ley 39/2015, de 1 de octubre.

Como conclusión, podemos indicar que, en el desistimiento y la renuncia, existe una manifestación de voluntad, clara y expresa, de no querer continuar con el procedimiento. Sin embargo, la caducidad surte efectos independientemente de si hubo voluntad o no por parte del interesado o de la Administración. Viene exclusivamente ligada al simple transcurso del plazo fijado legalmente.

6
TRAMITACIÓN SIMPLIFICADA DEL PROCEDIMIENTO ADMINISTRATIVO COMÚN

¿En qué consiste la tramitación simplificada del procedimiento administrativo?

La tramitación simplificada del procedimiento administrativo viene regulada en el artículo 96 de la Ley 39/2015, de 1 de octubre.

El procedimiento administrativo podrá tramitarse de esta manera cuando **razones de interés público o la falta de complejidad del procedimiento así lo aconsejen**. Podrá ser acordado por las Administraciones públicas de oficio o a solicitud del interesado. Con todo, la tramitación simplificada no es inamovible: si el órgano competente para su tramitación lo considera oportuno, en cualquier momento anterior a su resolución podrá acordar la continuación del procedimiento con arreglo a la tramitación ordinaria.

Si la Administración acuerda de oficio abordar el procedimiento por tramitación simplificada, deberá notificárselo a los interesados. En el caso de que alguno de ellos se oponga mediante manifestación expresa, el órgano competente deberá continuar mediante tramitación ordinaria.

Asimismo, los interesados podrán solicitar la tramitación simplificada del procedimiento, que podrá ser desestimada si no concurren las circunstancias anteriormente señaladas: razones de interés público o falta de complejidad del procedimiento. La solicitud podrá ser desestimada por el órgano competente, que cuenta con 5 días, transcurridos los cuales, sin respuesta, será desestimada por silencio administrativo. No cabe recurso contra la desestimación.

CUESTIÓN

La tramitación simplificada del procedimiento administrativo, ¿es obligatoria?

No. El art. 96 de la LPACAP no establece la obligatoriedad de la tramitación simplificada, así lo ha recogido el Tribunal Superior de Justicia de Aragón en su **sentencia n.º 131/2020, de 22 de mayo, ECLI:ES:TSJAR:2020:453**, en la que señala «Por

---

otra parte, el art. 96 L 39/2015 no impone la tramitación simplificada, y permite al sujeto que solicite el mismo, lo que en el presente caso no consta haya solicitado la actora, quien afirma sin apoyo alguno que el procedimiento simplificado es obligatorio para la administración, en contra de la literalidad de la norma (...)».

Tramitación simplificada de los procedimientos de responsabilidad patrimonial

El art. 96.4 de la LPACAP establece que, en el caso de procedimientos en materia de responsabilidad patrimonial de las Administraciones públicas, una vez se haya iniciado el procedimiento se podrá acordar la suspensión y la iniciación de un procedimiento simplificado en el caso de que se considere inequívoca la relación de causalidad entre el funcionamiento del servicio público y la lesión, así como la valoración del daño y el cálculo de la cuantía de la indemnización.

Tramitación simplificada de los procedimientos de carácter sancionador

En los procedimientos de carácter sancionador, si el órgano competente considera que «de acuerdo con lo previsto en su normativa reguladora, existen elementos de juicio suficientes para calificar la infracción como leve», podrá adoptar la tramitación simplificada del procedimiento sin que quepa oposición.

La tramitación simplificada del procedimiento administrativo (salvo que reste menos para su tramitación ordinaria), deberá ser resuelta en treinta días, contando desde el siguiente al que se notifique al interesado el acuerdo de tramitación simplificada del procedimiento. Dicho procedimiento constará de los siguientes trámites, tal y como establece el artículo 96.6 de la LPACAP:

«a) **Inicio** del procedimiento de oficio o a solicitud del interesado.

b) Subsanación de la solicitud presentada, en su caso.

c) Alegaciones formuladas al inicio del procedimiento durante el plazo de cinco días.

d) Trámite de audiencia, únicamente cuando la resolución vaya a ser desfavorable para el interesado.

e) **Informe del servicio jurídico**, cuando este sea preceptivo.

f) **Informe del Consejo General del Poder Judicial**, cuando este sea preceptivo.

g) **Dictamen del Consejo de Estado u órgano consultivo equivalente de la Comunidad Autónoma** en los casos en que sea preceptivo. Desde que se solicite el dictamen al Consejo de Estado, u órgano equivalente, hasta que este sea emitido, se producirá la suspensión automática del plazo para resolver.

El órgano competente solicitará la emisión del dictamen en un plazo tal que permita cumplir el plazo de resolución del procedimiento. El dictamen podrá ser emitido en el plazo de quince días si así lo solicita el órgano competente.

En todo caso, en el expediente que se remita al Consejo de Estado u órgano consultivo equivalente, se incluirá una propuesta de resolución.

Cuando el dictamen sea contrario al fondo de la propuesta de resolución, con independencia de que se atienda o no este criterio, el órgano competente para resolver acordará continuar el procedimiento con arreglo a la **tramitación ordinaria, lo que se notificará a los interesados.**

En este caso, se entenderán convalidadas todas las actuaciones que se hubieran realizado durante la tramitación simplificada del procedimiento, a excepción del dictamen del Consejo de Estado u órgano consultivo equivalente.

h) Resolución».

A TENER EN CUENTA. En aquellos casos en los que un procedimiento exija la realización de un trámite no previsto en la relación anterior, deberá llevarse a cabo mediante **tramitación ordinaria.**

7
ESPECIALIDADES DEL PROCEDIMIENTO ADMINISTRATIVO COMÚN

Regulación de las especialidades del procedimiento administrativo común: procedimiento sancionador y responsabilidad patrimonial de las AA. PP.

Este planteamiento responde a uno de los objetivos que persigue la Ley 39/2015, de 1 de octubre: la simplificación de los procedimientos administrativos y su integración como especialidades en el procedimiento administrativo común, contribuyendo así a aumentar la seguridad jurídica. De acuerdo con la sistemática seguida, los principios generales de la potestad sancionadora y de la responsabilidad patrimonial de las Administraciones públicas, en cuanto que atañen a aspectos más orgánicos que procedimentales, se regulan en la Ley 40/2015, de 1 de octubre, de Régimen Jurídico del Sector Público (fundamento V de la exposición de motivos de la Ley 39/2015, de 1 de octubre).

A continuación, vamos a realizar un **análisis acerca de las características propias de los procedimientos relativos a la responsabilidad patrimonial de las Administraciones públicas y los procedimientos de carácter sancionador.**

Asimismo, analizaremos detalladamente el **régimen jurídico de ambos procedimientos,** así como los principios y cuestiones de interés que rigen los mismos.

Procedimiento	CE	LPACAP	LRJSP
Responsabilidad patrimonial	- Artículo 106.2. Derecho de los particulares a ser indemnizados. - Artículo 105. Audiencia de los ciudadanos.	- Artículo 65. Especialidades en el inicio de oficio de los procedimientos de responsabilidad patrimonial. - Artículo 67. Solicitudes de iniciación en los procedimientos de responsabilidad patrimonial. - Artículo 81. Solicitud de informes y dictámenes en los procedimientos de responsabilidad patrimonial. - Artículo 91. Especialidades de la resolución en los procedimientos en materia de responsabilidad patrimonial. - Artículo 92. Competencia para la resolución de los procedimientos de responsabilidad patrimonial. - Disposición transitoria 5.ª. Procedimientos de responsabilidad patrimonial derivados de la declaración de inconstitucionalidad de una norma o su carácter contrario al Derecho de la Unión Europea.	- Artículo 32. Principios de la responsabilidad. - Artículo 33. Responsabilidad concurrente de las Administraciones públicas. - Artículo 34. Indemnización. - Artículo 35. Responsabilidad de derecho privado.

Procedimiento	CE	LPACAP	LRJSP
Procedimiento sancionador	- Artículo 24. Tutela judicial efectiva. - Artículo 105. Audiencia de los ciudadanos.	- Artículo 63. Especialidades en el inicio de los procedimientos de naturaleza sancionadora. - Artículo 64. Acuerdo de iniciación en los procedimientos de naturaleza sancionadora. - Artículo 85. Terminación en los procedimientos sancionadores. - Artículo 89. Propuesta de resolución en los procedimientos de carácter sancionador. - Artículo 90. Especialidades de la resolución en los procedimientos sancionadores.	- Artículo 25. Principio de legalidad. - Artículo 26. Irretroactividad. - Artículo 27. Principio de tipicidad. - Artículo 28. Responsabilidad. - Artículo 29. Principio de proporcionalidad. - Artículo 30. Prescripción. - Artículo 31. Concurrencia de sanciones.

7.1. Régimen jurídico del procedimiento administrativo sancionador

Lecturas recomendadas:

CANO CAMPO, Tomás:

- «Sanciones administrativas: reserva de ley y colaboración reglamentaria. *Non bis in idem*: sanción penal y sanción administrativa por lo mismo. Límites a la aplicación de la norma sancionadora más favorable», en *Revista General de Derecho Administrativo*, núm. 15, 2007.

- «El autismo del legislador: la "nueva" regulación de la potestad sancionadora de la Administración», en *Revista de Administración Pública*, núm. 201, 2016, págs. 25 a 68.

- «La ejecutividad de las sanciones y los enredos con la prescripción», en *Revista de Administración Pública*, núm. 212, 2020, págs. 113 a 144.

CHAVES GARCÍA, José Ramón:

- «La caducidad del procedimiento sancionador: hablando claro y con apoyo en la jurisprudencia reciente», en el blog *delaJusticia.com*, 13 de agosto de 2009.

- «La Audiencia Nacional aborda la caducidad del procedimiento sancionador por suspensión prejudicial penal», en el blog *delaJusticia.com*, 22 de diciembre de 2014.

- «La gresca de los notarios, la juez y el inquisidor sobre el plazo de prescripción», en el blog *delaJusticia.com*, 21 de noviembre de 2016.

- «El discreto principio de proporcionalidad», en el blog *delaJusticia.com*, 25 de mayo de 2017.

- «El Supremo pone en valor la caducidad de los procedimientos como garantía», en el blog *delaJusticia.com*, 25 de marzo de 2019.

DE DIEGO DÍEZ, L. Alfredo:

- «Inicio y fin de la caducidad en el procedimiento administrativo sancionador», en *Cuadernos de Derecho Local (QDL)*, n.º 49, febrero de 2019, págs. 107 a 135.

- «Prescripción de sanciones durante la alzada», en *Revista Jurídica Colex*, noviembre-diciembre de 2019, núm. 13, págs. 30 a 35.

GALLARDO CASTILLO, María Jesús:

- *Los principios de la potestad sancionadora*, Iustel, Madrid, 2008.

- «El procedimiento sancionador tras la reforma de 2015: reflexiones y propuestas para un debate», en *Revista Española de Derecho Administrativo*, n.º 179, 2016, págs. 111 a 139.

GARCÍA GÓMEZ DE MERCADO, Francisco:

- *Sanciones administrativas: garantías, derechos y recursos del presupuesto responsable*, 4.ª ed., Comares, Granada, 2017.

Marco jurídico del procedimiento administrativo sancionador

Constitución Española:

- Artículo 24. Tutela judicial efectiva.
- Artículo 105. Audiencia de los ciudadanos.

Ley 39/2015, de 1 de octubre, del Procedimiento Administrativo Común de las Administraciones Públicas:

- Artículo 63. Especialidades en el inicio de los procedimientos de naturaleza sancionadora.
- Artículo 64. Acuerdo de iniciación en los procedimientos de naturaleza sancionadora.

- Artículo 85. Terminación en los procedimientos sancionadores.
- Artículo 89. Propuesta de resolución en los procedimientos de carácter sancionador.
- Artículo 90. Especialidades de la resolución en los procedimientos sancionadores.

Ley 40/2015, de 1 de octubre, de Régimen Jurídico del Sector Público:

- Artículo 25. Principio de legalidad.
- Artículo 26. Irretroactividad.
- Artículo 27. Principio de tipicidad.
- Artículo 28. Responsabilidad.
- Artículo 29. Principio de proporcionalidad.
- Artículo 30. Prescripción.
- Artículo 31. Concurrencia de sanciones.
- Artículo 73. Competencias de los delegados del Gobierno en las comunidades autónomas.
- Artículo 75. Competencias de los subdelegados del Gobierno en las provincias.

Iniciación del procedimiento administrativo sancionador

Los procedimientos sancionadores se inician **siempre de oficio** por el órgano competente, y se tramitarán en dos fases y con dos órganos diferenciados: órgano instructor durante la fase de instrucción y órgano competente para resolver en la fase de resolución.

A TENER EN CUENTA. La Ley 40/2015, de 1 de octubre, reconoce potestad sancionadora a los delegados del Gobierno [artículo 73.2 Ley 40/2015, de 1 de octubre] y a los subdelegados del Gobierno [art. 75 f) Ley 40/2015, de 1 de octubre].

Para iniciar un procedimiento sancionador resulta imprescindible la **notificación al inculpado**. Con la notificación se remitirá el acuerdo de iniciación del expediente administrativo, que deberá contener una serie de requisitos formales (art. 64.2 de la LPACAP):

«a) Identificación de la persona o personas presuntamente responsables.

b) Los hechos que motivan la incoación del procedimiento, su posible calificación y las sanciones que pudieran corresponder, sin perjuicio de lo que resulte de la instrucción.

c) Identificación del instructor y, en su caso, Secretario del procedimiento, con expresa indicación del régimen de recusación de los mismos.

d) Órgano competente para la resolución del procedimiento y norma que le atribuya tal competencia, indicando la posibilidad de que el presunto responsable pueda reconocer voluntariamente su responsabilidad, con los efectos previstos en el artículo 85.

e) Medidas de carácter provisional que se hayan acordado por el órgano competente para iniciar el procedimiento sancionador, sin perjuicio de las que se puedan adoptar durante el mismo de conformidad con el artículo 56.

f) Indicación del derecho a formular alegaciones y a la audiencia en el procedimiento y de los plazos para su ejercicio, así como indicación de que, en caso de no efectuar alegaciones en el plazo previsto sobre el contenido del acuerdo de iniciación, este podrá ser considerado propuesta de resolución cuando contenga un pronunciamiento preciso acerca de la responsabilidad imputada».

En los procedimientos que, iniciados de oficio, lo sean a consecuencia de una orden superior o por petición razonada de otros órganos, la orden o petición deberá especificar, en la medida de lo posible, los siguientes extremos:

- La persona o personas presuntamente responsables.
- Las conductas o hechos que pudieran constituir infracción administrativa y su tipificación.
- El lugar, la fecha, fechas o período de tiempo continuado en que los hechos se produjeron.

El órgano competente para realizar las actuaciones previas se encargará de determinar con la **mayor precisión** posible los hechos, las personas y las circunstancias relevantes para la incoación del procedimiento (art. 55.2 de la LPACAP).

7.1.1. Principios del procedimiento administrativo sancionador

Los principios que rigen el procedimiento sancionador vienen recogidos en los artículos 25 a 31 de la Ley 40/2015, de 1 de octubre, y son los siguientes: principio de legalidad, irretroactividad, principio de tipicidad, responsabilidad, proporcionalidad, prescripción y principio *non bis in idem*.

Principio de legalidad (art. 25 de la Ley 40/2015, de 1 de octubre)

Las Administraciones públicas tendrán reconocida la potestad sancionadora cuando una disposición con rango legal o reglamentario así lo establezca, en este caso, la Ley 39/2015, de 1 de octubre, de Procedimiento Administrativo Común de las Administraciones Públicas; y, en el caso de las entidades locales, la Ley 7/1985, de 2 de abril, reguladora de las Bases del Régimen Local.

A TENER EN CUENTA. El capítulo III del título preliminar de la Ley 40/2015, de 1 de octubre, sobre «principios de la potestad sancionadora», no será de aplicación «al ejercicio por las Administraciones públicas de la potestad sancionadora respecto de quienes estén vinculados a ellas por relaciones reguladas por la legislación de contratos del sector público o por la legislación patrimonial de las Administraciones públicas» (art. 25.4 de la Ley 40/2015, de 1 de octubre).

Irretroactividad (art. 26 de la Ley 40/2015, de 1 de octubre)

Este principio está vinculado al artículo 9.3 de la CE: «La Constitución garantiza el principio de legalidad, la jerarquía normativa, la publicidad de las normas, la **irretroactividad de las disposiciones sancionadoras no favorables o restrictivas de derechos individuales**, la seguridad jurídica, la responsabilidad y la interdicción de la arbitrariedad de los poderes públicos».

Esto significa, que solo las normas punitivas vigentes en el momento de la comisión de la infracción serán aplicables, salvo que las disposiciones posteriores favorezcan al presunto infractor (art. 26.2 de la Ley 40/2015, de 1 de octubre).

Principio de tipicidad (art. 27 de la Ley 40/2015, de 1 de octubre)

Las infracciones administrativas que vulneren el ordenamiento jurídico estarán reguladas por la ley —sin perjuicio de lo dispuesto en la Ley 7/1985, de 2 de abril, para la Administración local— y vendrán clasificadas como leves, graves y muy graves. Por la comisión de estas infracciones se podrán imponer sanciones que vendrán también delimitadas por la ley. Las disposiciones reglamentarias podrán desarrollar especificaciones acerca de las sanciones y/o infracciones con el fin de mejorar su identificación. La aplicación por analogía no se contempla.

Responsabilidad (art. 28 de la Ley 40/2015, de 1 de octubre)

Podrán ser responsables por los hechos constitutivos de infracción administrativa las personas físicas y jurídicas, así como, cuando legalmente tengan reconocida capacidad de obrar las siguientes entidades:

- Los grupos de afectados.
- Las uniones y entidades sin personalidad jurídica.
- Los patrimonios independientes o autónomos.

Asimismo, establece el artículo 28.2 de la LRJSP que: «Las responsabilidades administrativas que se deriven de la comisión de una infracción serán compatibles con la exigencia al infractor de la reposición de la situación alterada por el mismo a su estado originario, así como con la indemnización por los daños y perjuicios causados, que será determinada y exigida por el órgano al que corresponda el ejercicio de la potestad sancionadora (...)».

Cuando la responsabilidad corresponda a varias personas, responderán solidariamente. No obstante, cuando la sanción tenga carácter pecuniario, y sea posible, esta se individualizará en función del grado de participación de cada responsable.

Principio de proporcionalidad (art. 29 de la Ley 40/2015, de 1 de octubre)

Las sanciones administrativas, sean o no de naturaleza pecuniaria, en ningún caso podrán implicar la privación de libertad, ni directa ni subsidiariamente. Las sanciones pecuniarias, para ser disuasorias, no deben ser más beneficiosas que el cumplimiento de la norma infringida; y deberán adecuarse al hecho constitutivo de la infracción.

La graduación atiende a los siguientes criterios:

«a) El grado de culpabilidad o la existencia de intencionalidad.

b) La continuidad o persistencia en la conducta infractora.

c) La naturaleza de los perjuicios causados.

d) La reincidencia, por comisión en el término de un año de más de una infracción de la misma naturaleza cuando así haya sido declarado por resolución firme en vía administrativa».

El art. 29 de la LRJSP finaliza estableciendo en los apartados 4 a 6 una serie de reglas relativas a la graduación de la sanción:

- Cuando la debida adecuación entre la sanción que deba aplicarse con la gravedad de los hechos y las circunstancias concurrentes, así lo justifiquen, el órgano competente para resolver podrá imponer la sanción en el grado inferior.

- Cuando de la comisión de una infracción derive necesariamente la comisión de otras, se deberá imponer únicamente la sanción correspondiente a la infracción más grave.

- La realización de una pluralidad de acciones u omisiones que infrinjan el mismo o semejantes preceptos administrativos en ejecución de un plan preconcebido o aprovechando idéntica ocasión, será sancionable como una infracción continuada.

Prescripción (art. 30 de la Ley 40/2015, de 1 de octubre)

Las infracciones y sanciones prescribirán según lo dispuesto en las leyes que las establezcan, en aquellas disposiciones que no se fijan plazos se aplican los siguientes:

Las infracciones prescriben en función de su gravedad:

- **Muy graves**: 3 años.
- **Graves**: 2 años.
- **Leves**: 6 meses.

Y lo mismo sucede con las sanciones:

- **Muy graves**: 3 años.
- **Graves**: 2 años.
- **Leves**: 1 año.

El **plazo de prescripción de la infracción** comienza el mismo día en el que se hubiera cometido. En el caso de varias infracciones (continuadas o permanentes), el plazo se computa desde el momento en el que finalizó la última de ellas.

La prescripción se interrumpe cuando se inicia el procedimiento y el interesado tiene conocimiento de ello. La redacción del artículo 30.2 de la LRJSP en su párrafo segundo no ofrece dudas: es el acto de comunicación al interesado —y no la fecha de incoación del procedimiento o de cualquier otra actuación administrativa— el que interrumpe el curso de la prescripción, volatilizando el tiempo ya transcurrido. Ya la **sentencia del Tribunal Supremo, rec. 1588/1986, de 31 de julio de 1989, ECLI:ES:TS:1989:15399**, no puede ser más clara al respecto:

> «(...) La prescripción corre, aunque el expediente se tramite, desde el momento en que tenga lugar la presunta infracción, si de aquel expediente no se da conocimiento alguno al denunciado ni intervención en el mismo».

El día en el que se interrumpe el cómputo de la prescripción de la infracción es el de notificación al interesado de la resolución sancionadora ya que el artículo 30.2 párrafo segundo de la Ley 40/2015, al referirse a la interrupción de la prescripción por la iniciación del expediente, exige que esta llegue al conocimiento del interesado. Como señala la **sentencia del Tribunal Superior de Justicia de Andalucía (Málaga) de 12 de julio de 2001, rec. 1649/1996, ECLI:ES:TSJAND:2001:10531**, «(...) Un acto no existe para el administrado si no está notificado (...)».

Por su parte, **el plazo de prescripción de las sanciones** empieza a contar desde el día siguiente a aquel en que sea ejecutable la resolución por la que se impone la sanción o haya transcurrido el plazo para recurrirla.

Las resoluciones sancionadoras solo son ejecutables cuando contra ellas no quepa ningún recurso en vía administrativa, ni siquiera el potestativo de reposición (art. 98.1.b) de la LPACAP); o, lo que es lo mismo, cuando alcancen firmeza en vía administrativa. La iniciación de un procedimiento de ejecución, con conocimiento del interesado, interrumpirá la prescripción. El artículo 30.3, párrafo tercero, de la Ley 40/2015 dice así:

> «En el caso de desestimación presunta del recurso de alzada interpuesto contra la resolución por la que se impone la sanción, el plazo de prescripción de la sanción comenzará a contarse desde el día siguiente a aquel en que finalice el plazo legalmente previsto para la resolución de dicho recurso».

Lo previsto para el recurso de alzada en el artículo transcrito es trasladable al recurso de reposición. En este sentido fijó doctrina el **Tribunal Supremo (sala 3.ª, sección 5.ª)** en sus **sentencias n.º 1328/2020, de 15 de** octubre, ECLI:ES:TS:2020:3394, y n.º 1627/2020, de 30 de noviembre, ECLI:ES:TS:2020:3945: «(...) ha de entenderse que el cómputo del plazo de prescripción de la sanción en los términos establecidos en el art. 30.3, párrafo tercero, para el recurso de alzada, es aplicable al supuesto de desestimación presunta del recurso de reposición».

JURISPRUDENCIA

Sentencia del Tribunal Supremo n.º 284/2021, de 25 de febrero, ECLI:ES:TS:2021:603

«El legislador, consciente de la inseguridad que pudiera derivar del mantenimiento indefinido en el tiempo de resoluciones sancionadoras ejecutables, ha considerado necesario atender esa situación y, a tal efecto, incluye en el art. 30.3, párrafo tercero, una corrección del criterio general para el caso del silencio administrativo, disponiendo que: "en el caso de desestimación presunta del recurso de alzada interpuesto contra la resolución por la que se impone la sanción, el plazo de prescripción de la sanción comenzará a contarse desde el día siguiente a aquel en que finalice el plazo legalmente establecido para la resolución de dicho recurso".

Se plantea la duda de la aplicación de dicho criterio en relación con el recurso potestativo de reposición, por cuanto la norma no se refiere al mismo, sin embargo, en una interpretación conforme a su finalidad y teniendo en cuenta la identidad de situaciones y contenido de ambos recursos, la respuesta ha de ser positiva.

Así y como resulta del art. 112 de la Ley 30/2015, ambos recursos, de alzada y de reposición, pueden fundarse en cualquiera de los motivos de nulidad o anulabilidad previstos en los arts. 47 y 48 de la Ley, su resolución estimatoria o desestimatoria producen los mismos efectos en cuanto al reconocimiento del derecho controvertido, ambos recursos tienen establecido un plazo para dictar y notificar su resolución, transcurrido el cual podrán entenderse desestimados, de todo lo cual resulta que la inactividad de la Administración en su resolución, que puede ser igual y de la misma duración en ambos casos e, incluso, más relevante en el caso del recurso de reposición, para cuya resolución se apremia más a la Administración estableciendo el plazo de solo un mes, da lugar a una misma situación de pervivencia indefinida de la resolución sancionadora, que se trata de evitar por el precepto en cuestión, de manera que existiendo identidad de razón y en garantía del principio de igualdad en la aplicación de la ley respecto de los administrados que se encuentran en idéntica situación, ha de entenderse que el precepto resulta de aplicación al supuesto de desestimación presunta del recurso de reposición.

No se advierte que el carácter potestativo del recurso de reposición justifique una respuesta diferente, pues el ejercicio de tal facultad de impugnación exige la misma respuesta de la Administración cuya inactividad produce los mismos efectos que se tratan de solventar con la aplicación del referido art. 30.3, párrafo tercero.

En consecuencia y en relación con la primera cuestión planteada en el auto de admisión ha de entenderse que el cómputo del plazo en los términos establecidos en el art. 30.3, párrafo tercero, para el recurso de alzada es aplicable al supuesto de desestimación presunta del recurso de reposición».

Concurrencia de sanciones o principio *non bis in idem* (art. 31 de la Ley 40/2015, de 1 de octubre)

En los casos en que se aprecie identidad del sujeto, hecho y fundamento, no podrán sancionarse los hechos que lo hayan sido penal o administrativamente. En caso de que un órgano de la Unión Europea hubiera impuesto una sanción por los mismos hechos el órgano competente para resolver deberá tenerla en cuenta a efectos de graduar la que, en su caso, deba imponer, pudiendo minorarla, sin perjuicio de declarar la comisión de la infracción.

El principio *non bis in idem* resulta una garantía en nuestro Estado de derecho pues un sujeto no podrá ser castigado dos veces por los mismos hechos. Para ello debe apreciarse **identidad de sujeto, hecho y fundamento.**

En este sentido, es interesante mencionar lo dispuesto por el **Tribunal Supremo en su sentencia n.° 469/2020, de 18 de junio, ECLI:ES:TS:2020:2632,** que reza como sigue:

> «El solicitante de amparo alegó que la condena penal suponía la infracción del art. 25 CE, en tanto que los hechos constitutivos de la conducta delictiva por los que había sido condenado como director de la empresa, eran exactamente los mismos que habían sido anteriormente objeto de la sanción administrativa impuesta a la sociedad.
>
> El Tribunal Constitucional recuerda en primer lugar que el principio non bis in idem ha sido considerado como parte integrante del derecho fundamental al principio de legalidad en materia penal y sancionadora (art. 25.1 C.E.), desde la STC 2/1981, y explica a tal efecto que: "El principio general de derecho conocido por non bis in idem supone, en una de sus más conocidas manifestaciones, que no recaiga duplicidad de sanciones administrativa y penal—en los casos en que se aprecie la identidad del sujeto, hecho y fundamento sin existencia de una relación de supremacía especial de la Administración -relación de funcionario, servicio público, concesionario, etc...— que justificase el ejercicio del ius puniendi por los Tribunales y a su vez de la potestad sancionadora de la Administración". Posteriormente, en la STC 159/1987 (fundamento jurídico 3°), se declaró que dicho principio impide que, a través de procedimientos distintos, se sancione repetidamente la misma conducta, pues "semejante posibilidad entrañaría, en efecto, una inadmisible reiteración en el ejercicio del ius puniendi del Estado e, inseparablemente, una abierta contradicción con el mismo derecho a la presunción de inocencia, porque la coexistencia de dos procedimientos sancionadores para un determinado ilícito deja abierta la posibilidad, contraria a aquel derecho, de que unos mismos hechos, sucesiva o simultáneamente, existan y dejen de existir para los órganos del Estado (Sentencia 77/1983, de 3 de octubre, fundamento jurídico cuarto)".
>
> Tras lo que concluye que efectivamente se ha vulnerado ese precepto constitucional, por cuanto se ha dado lugar a la imposición de una doble sanción por los mismos hechos, con independencia de que el condenado en vía penal sea la persona física que ostentaba la condición de director de la empresa y la sanción administrativa le hubiere sido impuesta a la sociedad mercantil titular de la misma.
>
> Del redactado de esta sentencia bien pudiere parecer que cabe extraer la consecuencia jurídica de que el Tribunal Constitucional viene en admitir la aplicación del principio "non bis in idem", aunque no concurra identidad subjetiva entre quien ha sido sancionado en vía administrativa, —en este caso la persona jurídica—, y el sujeto condenado en el proceso penal - el director de la empresa-, quebrando de esta forma la doctrina general que

exige para la aplicación de dicho principio la exacta concurrencia de la triple identidad subjetiva, objetiva (hechos) y de fundamento, entre las actuaciones penales y las administrativas».

A TENER EN CUENTA. No se podrán iniciar procedimientos de carácter sancionador contra una persona que, de forma continuada, persista en la comisión de conductas tipificadas como infracciones, en tanto no se emita una primera resolución sancionadora con carácter ejecutivo (art. 63.3 de la Ley 39/2015, de 1 de octubre).

Principio acusatorio

Finalmente, es importante mencionar la doctrina ya asentada por el Tribunal Supremo en referencia al principio acusatorio en los procedimientos administrativos sancionadores.

El **Tribunal Supremo, en su sentencia n.° 1382/2020, de 22 de octubre, ECLI:ES:TS:2020:3505**, analiza con exhaustividad los criterios establecidos por el Tribunal Constitucional a la hora de trasladar el principio acusatorio a los procedimientos administrativos sancionadores.

La cuestión con interés casacional se centra en «determinar si el órgano competente para resolver un procedimiento sancionador (...) puede imponer una sanción, con base en la modificación o alteración de la calificación jurídica formulada por el Instructor del procedimiento sancionador, en aquellos supuestos en que la propuesta de resolución propone el sobreseimiento del expediente y el archivo de las actuaciones al considerar que los hechos no son constitutivos de infracción administrativa».

Asimismo, también se plantea «fijar en qué supuestos este actuar supone una vulneración del principio acusatorio y, por ende, del derecho de defensa y del derecho a ser informado de la acusación, que garantiza el artículo 24.2 de la CE, a la luz de la interpretación efectuada por el Tribunal Constitucional y por el Tribunal Supremo de estas garantías procedimentales».

Tras sentar que el principio acusatorio constituye «una de las garantías estructurales del proceso penal, cuya protección se reconoce por el artículo 24.2 de la CE, vinculado al derecho de defensa, al derecho a un proceso con todas las garantías y al derecho a ser informado de la acusación», advierte que «debe modularse cuando se trate de su aplicación en el procedimiento administrativo sancionador».

Y concluye: «a diferencia de la transcendencia que tiene en el proceso penal, en este ámbito no comporta que el órgano competente para resolver un expediente sancionador no pueda imponer una sanción, modificando, para ello, la calificación jurídica efectuada por el órgano instructor, siempre que no se base en la consideración de hechos distintos de los hechos determinados en la fase de instrucción (salvo en el supuesto en que se hayan practicado actuaciones complementarias para su concreción definitiva en la ulterior fase decisoria), y se respete el derecho de defensa».

Lo anterior no supone un debilitamiento de las garantías que inspiran el procedimiento sancionador. Si bien se mira, la declaración hecha por el Tribunal Supremo, al socaire de la jurisprudencia propia y del Tribunal Constitucional, supone una serie de limitaciones del órgano sancionador en relación con la propuesta del instructor. Concretamente, sin previa audiencia del interesado, no puede:

1. Alterar el relato fáctico contenido en la propuesta del instructor sin, además, practicar actuaciones complementarias.

2. Modificar la calificación jurídica de la infracción recogida en la propuesta de resolución.

3. Rechazar las circunstancias modificativas que hubieren sido tenidas en cuenta en dicha propuesta.

4. Imponer una sanción más gravosa que la contemplada en la propuesta de resolución, aunque la resolución sancionadora asuma los hechos tal como los refirió el instructor en su propuesta y tampoco varíe su calificación jurídica.

7.1.2. Instrucción del procedimiento administrativo sancionador

Como indicábamos anteriormente, el procedimiento sancionador se divide en dos fases gestionadas por distintos órganos.

En primer lugar, la fase de instrucción estará en manos del órgano instructor. Este se encargará de investigar a través de documentos, dictámenes y/o informes los hechos ocurridos para poder emitir una propuesta de resolución al órgano que posteriormente se encargará de resolver.

En esta fase, además, se incardinan el trámite de alegaciones y el de práctica de la prueba, como expresión del derecho de defensa a que se refiere el artículo 24 de la CE.

Asimismo, los presuntos responsables en los procedimientos de naturaleza sancionadora tendrán los siguientes derechos (art. 53.2 de la Ley 39/2015, de 1 de octubre):

- **Derecho a ser notificado de los hechos que se le imputen**, de las infracciones y las sanciones que se les pudieran imponer, así como de la identidad del instructor, de la autoridad competente para imponer la sanción y de la norma que atribuya tal competencia.

- **Derecho a la presunción de no existencia de responsabilidad administrativa mientras no se demuestre lo contrario** (comúnmente conocido como «presunción de inocencia» en el derecho penal).

Respecto a la prueba en los procedimientos de carácter sancionador, «los hechos declarados probados por resoluciones judiciales penales firmes vincularán a las Administraciones Públicas respecto de los procedimientos sancionadores que substancien» (art. 77.4 de la Ley 39/2015, de 1 de octubre).

En cualquier momento anterior a la resolución del procedimiento, el órgano competente para iniciar el procedimiento podrá acordar la **tramitación simplificada** del mismo cuando existan elementos de juicio suficientes para calificar la infracción como leve, sin que quepa la oposición expresa por parte del interesado.

7.1.3. Terminación del procedimiento administrativo sancionador

Los procedimientos, como hemos visto anteriormente en el apartado de «finalización del procedimiento», pueden terminar de diferentes formas. En este caso en concreto, teniendo en cuenta que el procedimiento siempre es iniciado de oficio, la terminación del procedimiento podrá producirse de alguna de las siguientes formas:

a) Aceptación de los hechos y de la consecuente sanción por parte del infractor.

b) Caducidad.

c) Resolución ordinaria.

En primer lugar, si el infractor reconoce los hechos que se le imputan y asume la responsabilidad, el procedimiento se resolverá con la imposición de la sanción que proceda. Si la sanción tiene carácter pecuniario, el órgano competente para resolver podrá aplicar reducciones de, al menos, el 20 % (importe que podrá verse incrementado reglamentariamente). La efectividad de la reducción queda condicionada al desistimiento o renuncia a la acción de recurrir en vía administrativa la sanción.

Con relación a la **caducidad,** en los procedimientos en que la Administración ejercite potestades sancionadoras o, en general, de intervención, susceptibles de producir efectos desfavorables o de gravamen, el vencimiento del plazo máximo establecido sin que se haya dictado y notificado resolución expresa, producirá la caducidad del expediente. En estos casos, la resolución que declare la caducidad ordenará el archivo de las actuaciones, con los efectos previstos en el art. 95 de la Ley 39/2015, de 1 de octubre [artículo 25.1.b) de la LPACAP].

Por último, la resolución en el procedimiento sancionador requiere de un estudio más detallado.

Puede ocurrir que el órgano instructor considere pertinente el archivo de las actuaciones, sin formular siquiera propuesta de resolución, por la concurrencia de alguna de las siguientes circunstancias (art. 89.1 de la LPAC):

a) Inexistencia de hechos que constituyan infracción.

b) Hechos no acreditados.

c) Hechos probados no constitutivos de infracción administrativa.

d) Personas no identificadas o exentas de responsabilidad.

e) Prescripción de la infracción.

En el resto de los casos, concluida la instrucción, el instructor formulará una propuesta de resolución que se notificará a los interesados, en la que se indicará el procedimiento y el plazo para formular las alegaciones y para presentar los documentos que se estimen pertinentes (art. 89.2 de la LPACAP). Asimismo, se fijarán de forma motivada los hechos y su exacta calificación jurídica, las personas responsables y la sanción que se proponga, así como la valoración de las pruebas practicadas y las medidas provisionales si se hubieran adoptado.

En el procedimiento sancionador, tanto la propuesta de resolución como los actos que los resuelvan serán motivados con sucinta referencia de hechos y fundamentos de derecho [art. 35.1 h) de la LPACAP].

A TENER EN CUENTA. El artículo 90.2 de la LPACAP establece que en la resolución no se aceptarán hechos distintos de los que han sido objeto del procedimiento. No obstante, si el órgano competente para resolver considera que la infracción o la sanción son de mayor gravedad que la determinada en la propuesta de resolución, se le notificará al inculpado para que pueda alegar lo que estime conveniente en el plazo de quince días.

La resolución que ponga fin al procedimiento será **ejecutiva** cuando no quepa contra ella ningún recurso ordinario (alzada o reposición) en vía administrativa, pudiendo adoptarse las medidas cautelares que se consideren para garantizar su eficacia en tanto no tenga carácter ejecutivo.

Es importante señalar las siguientes circunstancias que pueden darse:

- Si la resolución es ejecutiva, podrá suspenderse **cautelarmente** cuando el interesado manifieste a la Administración su intención de interponer recurso contencioso-administrativo contra la resolución firme en vía administrativa (art. 90.3 de la LPACAP). La suspensión cautelar finalizará cuando termine el plazo legalmente previsto sin que el interesado haya interpuesto recurso contencioso administrativo.

- Si el interesado hubiera interpuesto el recurso contencioso administrativo, la suspensión finalizará:

  a) Cuando no haya solicitado judicialmente la suspensión cautelar de la resolución impugnada.

  b) Cuando, habiendo solicitado tal suspensión cautelar, el órgano judicial se haya pronunciado en los términos previstos en ella.

- Si las conductas sancionadas causaron daños y perjuicios a las Administraciones y la cuantía indemnizatoria no hubiera sido determinada en el expediente, se fijará en un procedimiento complementario, cuya resolución será **inmediatamente ejecutiva**. Este procedimiento complementario pondrá fin a la vía administrativa [art. 114.1.g) de la LPACAP]. Asimismo, se admite la terminación convencional, pero ni esta ni la aceptación por el infractor de la resolución que pudiera recaer implicarán el reconocimiento voluntario de su responsabilidad.

Respecto a los medios que se establecen en el artículo 98.2 de la LPACAP, para hacer efectiva la obligación de pago derivada de una sanción pecuniaria, multa, etc., se efectuará preferentemente utilizando alguno de los medios electrónicos siguientes:

- Tarjeta de crédito y débito.

- Transferencia bancaria.

- Domiciliación bancaria.

- Cualesquiera otros que se autoricen por el órgano competente en materia de hacienda pública.

7.2. Régimen jurídico de la responsabilidad patrimonial de las AA. PP.

Lecturas recomendadas:

CHAVES GARCÍA, José Ramón:

- «La protección de datos sensibles retrocede en los procedimientos de responsabilidad patrimonial», en el blog *delaJusticia.com*, 5 de marzo de 2012.

- «Un manual de responsabilidad patrimonial en formato sentencia», en el blog *delaJusticia.com*, 22 de mayo de 2014.

- «Responsabilidad escamoteada por la doctrina del margen de tolerancia», en el blog *delaJusticia.com*, 9 de mayo de 2016.

- «El daño desproporcionado como fuente de responsabilidad patrimonial sanitaria», en el blog *delaJusticia.com*, 30 de mayo de 2016.

- «Ayer y hoy de la responsabilidad patrimonial de la administración: un balance y tres reflexiones», en el blog *delaJusticia.com, 4 de junio de 2016.*

- «La responsabilidad sanitaria revienta por las costuras», en el blog *delaJusticia.com*, 24 de enero de 2017.

- «El quebradizo terreno de la responsabilidad patrimonial», en el blog *delaJusticia.com*, 16 de febrero de 2017.

- «Indemnizaciones por responsabilidad sanitaria o el juego de la ruleta», en el blog *delaJusticia.com*, 18 de septiembre de 2017.

- «Cuando disputan aseguradoras y administraciones», en el blog *delaJusticia.com*, 4 de diciembre de 2017.

- «El Tribunal Constitucional a la caza de la responsabilidad patrimonial objetiva», en el blog *delaJusticia.com*, 12 de noviembre de 2018.

- «Supremo freno a las validaciones legislativas para excluir responsabilidades patrimoniales», en el blog *delaJusticia.com*, 7 de febrero de 2020.

- «Atajos y encrucijadas para exigir responsabilidad patrimonial», en el blog *delaJusticia.com*, 4 de marzo de 2020.

- «La Caja de todas las responsabilidades derivadas del estado de alarma», en el blog *delaJusticia.com*, 24 de abril de 2020.

- «La responsabilidad patrimonial de los jueces por errores judiciales», en el blog *delaJusticia.com*, 24 de julio de 2020.

- «Tiempo de siembra de reclamaciones de indemnización patrimonial», en el blog *delaJusticia.com*, 28 de septiembre de 2020.

- «Suprema flexibilización de los requisitos de indemnización patrimonial por inconstitucionalidad de leyes», en el blog *delaJusticia.com*, 5 de noviembre de 2020.

DE DIEGO DÍEZ, L. ALFREDO:

- «Dos aspectos interesantes sobre las medidas cautelares en el procedimiento sancionador: compensación con la sanción y responsabilidad patrimonial de la Administración», en *Actualidad Administrativa*, N.º 12, junio de 2011, págs. 1469 a 1482.

GALLARDO CASTILLO, María Jesús:

GARCÍA GÓMEZ DE MERCADO, Francisco:

- *Responsabilidad patrimonial de la Administración*, 2.ª ed., Comares, Granada, 2020.

Marco jurídico de la responsabilidad patrimonial de las Administraciones públicas

Constitución Española:

Artículo 106.2 de la CE. Se consagra a nivel constitucional el régimen de responsabilidad patrimonial objetiva de la Administración por el funcionamiento de los servicios públicos, de gran arraigo en nuestro sistema jurídico, a partir de su incorporación al ordenamiento jurídico a través del artículo 121 de la Ley de Expropiación Forzosa, de 16 de diciembre de 1954 (tal y como indica la sinopsis del artículo 106.2 de la página oficial del Congreso de los Diputados). Actualmente está regulado en la Ley 39/2015, de 1 de octubre, del Procedimiento Administrativo Común de las Administraciones Públicas, y en la Ley 40/2015 de 1 de octubre, de Régimen Jurídico del Sector Público.

Ley 39/2015, de 1 de octubre, del Procedimiento Administrativo Común de las Administraciones Públicas:

- Artículo 65. Especialidades en el inicio de oficio de los procedimientos de responsabilidad patrimonial.

- Artículo 67. Solicitudes de iniciación en los procedimientos de responsabilidad patrimonial.

- Artículo 81. Solicitud de informes y dictámenes en los procedimientos de responsabilidad patrimonial.

- Artículo 91. Especialidades de la resolución en los procedimientos en materia de responsabilidad patrimonial.

- Artículo 92. Competencia para la resolución de los procedimientos de responsabilidad patrimonial.

- Disposición transitoria 5.ª. Procedimientos de responsabilidad patrimonial derivados de la declaración de inconstitucionalidad de una norma o su carácter contrario al Derecho de la Unión Europea.

Ley 40/2015, de 1 de octubre, de Régimen Jurídico del Sector Público:

- Artículo 32. Principios de la responsabilidad.

- Artículo 33. Responsabilidad concurrente de las Administraciones públicas.

- Artículo 34. Indemnización.

- Artículo 35. Responsabilidad de derecho privado.

El procedimiento administrativo de responsabilidad patrimonial encuentra su regulación, en primer lugar, en el precepto constitucional arriba mencionado, que se desarrolla, por un lado, en la LPAC relativa a las fases, requisitos y especialidades del procedimiento y, por otro, en la Ley 40/2015, de 1 de octubre (LRJSP) que establece los principios que van a regir este procedimiento, así como la responsabilidad subjetiva y otras cuestiones a tener en cuenta. Por lo tanto, iremos de manera progresiva introduciendo preceptos de ambas leyes que nos permitan tener una concepción más clara del procedimiento de responsabilidad patrimonial ya que es un procedimiento complejo que vincula a la Administración pública por sus actos y/o actuaciones.

En primer lugar, para poder hablar de un procedimiento, es necesario que este se inicie, bien de oficio (artículo 65 de la LPACAP), o bien a solicitud del interesado (artículo 67 de la LPAC). Sin perjuicio de quién sea el sujeto que inicia el procedimiento, la ley exige que el derecho a reclamar del interesado ante la Administración no haya prescrito.

7.2.1. Procedimiento iniciado a instancia de parte y principios de la responsabilidad patrimonial

Procedimiento de responsabilidad patrimonial iniciado a solicitud del interesado

Cuando el procedimiento se inicie por el interesado, establece el artículo 67.1 de la LPACAP lo siguiente:

> «(...) El derecho a reclamar prescribirá al año de producido el hecho o el acto que motive la indemnización o se manifieste su efecto lesivo. En caso de daños de carácter físico o psíquico a las personas, el plazo empezará a computarse desde la curación o la determinación del alcance de las secuelas.

En los casos en que proceda reconocer derecho a indemnización por anulación en vía administrativa o contencioso-administrativa de un acto o disposición de carácter general, el derecho a reclamar prescribirá al año de haberse notificado la resolución administrativa o la sentencia definitiva.

En los casos de responsabilidad patrimonial a que se refiere el artículo 32, apartados 4 y 5, de la Ley de Régimen Jurídico del Sector Público, el derecho a reclamar prescribirá al año de la publicación en el "Boletín Oficial del Estado" o en el "Diario Oficial de la Unión Europea", según el caso, de la sentencia que declare la inconstitucionalidad de la norma o su carácter contrario al Derecho de la Unión Europea».

JURISPRUDENCIA

Plazos y cómputo

Responsabilidad patrimonial consecuencia de la aplicación de una norma con rango de ley declarada inconstitucional. La sentencia del Tribunal Supremo n.º 876/2020, de 25 de junio, ECLI:ES:TS:2020:2353, en su fundamento 4.º, dice así:

«(...) se podrá reclamar en el plazo de un año desde la publicación de la sentencia del TC, siempre que el daño indemnizable se haya producido "en el plazo de los cinco años anteriores" a la publicación de la STC declarando la inconstitucionalidad de la norma que fue aplicada en su momento, artículo 34.1 Ley 40/2015. Y con arreglo al artículo 32.4 de la misma Ley, "si la lesión es consecuencia de la aplicación de una norma con rango de ley declarada inconstitucional, procederá su indemnización cuando el particular haya obtenido, en cualquier instancia, sentencia firme desestimatoria de un recurso contra la actuación administrativa que ocasionó el daño, siempre que se hubiera alegado la inconstitucionalidad posteriormente declarada"».

Sentencia del Tribunal Supremo n.º 871/2020, de 24 de junio, ECLI:ES:TS:2020:2208

«La cuestión no es baladí y entraña una complejidad jurídica a la que se ha de dar respuesta adaptando la cuestión casacional a las peculiaridades expuestas. Porque la Sala de Bilbao, si bien estima que se trata de un supuesto de responsabilidad del Estado Legislador, en contra del criterio del Juzgado, se ve obligada a aplicar el párrafo segundo del precepto y parágrafo, en vez del parágrafo tercero, conforme al cual la polémica sobre el recurso de amparo y su posible interrupción del plazo carece de todo fundamento. Adelantemos que supone una contradicción que una responsabilidad patrimonial por declaración de nulidad por inconstitucionalidad de un precepto con rango de formal de Ley pueda quedar suspendida por la interposición de un recurso de amparo, dado que esa declaración y ese recurso son incompatibles; y eso es lo que se termina aceptando por la Sala de instancia, o si se quiere, que el inicio del plazo anual con la publicación de la sentencia del Tribunal Constitucional, el único que puede hacer esa declaración, como después veremos, en el Boletín Oficial del Estado, se suspenda por la existencia, mientras tanto, de un recurso de amparo, que habría perdido su objeto».

Sentencia del Tribunal Supremo n.º 1721/2020, de 14 de diciembre, ECLI:ES:TS:2020:4110

(...) que el cómputo del plazo de un año, determinante de la responsabilidad patrimonial prevista en el artículo 67.1, párrafo segundo, se inicia en la fecha de la notificación de la sentencia (o, en su caso, desde su publicación, si se hubiera sido parte en el procedimiento de anulación) sin que dicho plazo pueda considerarse demorado, en su inicio, o suspendido, en su trascurso, por una solicitud de revisión de oficio de un acto de aplicación de la norma anulada, o por la formulación de un recurso de amparo».

Asimismo, la ley establece una serie de requisitos formales que deberán constar en la solicitud de iniciación (arts. 61.4 y 67.2 de la LPACAP):

- Descripción de la lesión producida.
- Relación de causalidad entre la lesión y el funcionamiento del servicio público.
- Evaluación económica de la responsabilidad patrimonial, si fuera posible.
- Momento en el que se produjo la lesión.

Cumplido lo anterior —que no haya prescrito el derecho y que se den los requisitos formales en la solicitud de iniciación—, el artículo 65 de la LPACAP establece que **el acuerdo de iniciación** del procedimiento se notificará a los presuntamente lesionados, contando estos con un plazo de 10 días para presentar las alegaciones, documentos e información que estimen conveniente, así como para proponer todas aquellas pruebas que consideren pertinentes. Aunque los sujetos presuntamente lesionados no se personen en el plazo establecido, la instrucción del procedimiento seguirá su curso.

En el procedimiento de responsabilidad patrimonial participarán, por tanto, los presuntamente lesionados y la Administración cuya actividad o funcionamiento haya provocado el daño/lesión objeto del procedimiento.

Los interesados, para poder hacer efectiva la responsabilidad patrimonial actúan directamente contra la Administración pública, sin perjuicio de que esta, una vez que hayan sido indemnizados los lesionados, exija la responsabilidad correspondiente, de oficio y en vía administrativa, al personal que hubiera actuado con dolo, culpa o negligencia grave. Así es como lo prevé el artículo 36.2 de la Ley 40/2015, de 1 de octubre (LRJSP):

> «(...) Para la exigencia de dicha responsabilidad y, en su caso, para su cuantificación, se ponderarán, entre otros, los siguientes criterios: el resultado dañoso producido, el grado de culpabilidad, la responsabilidad profesional del personal al servicio de las Administraciones públicas y su relación con la producción del resultado dañoso».

En aquellos casos en los que el personal al servicio de la Administración puede haber incurrido en responsabilidad penal, se tramitará conforme al artículo 37 de la Ley 40/2015, de 1 de octubre.

Principios de la responsabilidad patrimonial

Respecto a los principios que regirán el procedimiento de responsabilidad patrimonial, establece el artículo 32 de la Ley 40/2015, de 1 de octubre, los siguientes:

> «1. Los particulares tendrán derecho a ser indemnizados por las Administraciones Públicas correspondientes, de toda lesión que sufran en cualquiera de sus bienes y derechos, siempre que la lesión sea consecuencia del funcionamiento normal o anormal de los servicios públicos salvo en los casos de fuerza mayor o de daños que el particular tenga el deber jurídico de soportar de acuerdo con la Ley.

La anulación en vía administrativa o por el orden jurisdiccional contencioso administrativo de los actos o disposiciones administrativas no presupone, por sí misma, derecho a la indemnización.

2. En todo caso, el daño alegado habrá de ser efectivo, evaluable económicamente e individualizado con relación a una persona o grupo de personas.

3. Asimismo, los particulares tendrán derecho a ser indemnizados por las Administraciones Públicas de toda lesión que sufran en sus bienes y derechos como consecuencia de la aplicación de actos legislativos de naturaleza no expropiatoria de derechos que no tengan el deber jurídico de soportar cuando así se establezca en los propios actos legislativos y en los términos que en ellos se especifiquen.

La responsabilidad del Estado legislador podrá surgir también en los siguientes supuestos, siempre que concurran los requisitos previstos en los apartados anteriores:

a) Cuando los daños deriven de la aplicación de una norma con rango de ley declarada inconstitucional, siempre que concurran los requisitos del apartado 4.

b) Cuando los daños deriven de la aplicación de una norma contraria al Derecho de la Unión Europea, de acuerdo con lo dispuesto en el apartado 5.

4. Si la lesión es consecuencia de la aplicación de una norma con rango de ley declarada inconstitucional, procederá su indemnización cuando el particular haya obtenido, en cualquier instancia, sentencia firme desestimatoria de un recurso contra la actuación administrativa que ocasionó el daño, siempre que se hubiera alegado la inconstitucionalidad posteriormente declarada.

5. Si la lesión es consecuencia de la aplicación de una norma declarada contraria al Derecho de la Unión Europea, procederá su indemnización cuando el particular haya obtenido, en cualquier instancia, sentencia firme desestimatoria de un recurso contra la actuación administrativa que ocasionó el daño, siempre que se hubiera alegado la infracción del Derecho de la Unión Europea posteriormente declarada. Asimismo, deberán cumplirse todos los requisitos siguientes:

a) La norma ha de tener por objeto conferir derechos a los particulares.

b) El incumplimiento ha de estar suficientemente caracterizado.

c) Ha de existir una relación de causalidad directa entre el incumplimiento de la obligación impuesta a la Administración responsable por el Derecho de la Unión Europea y el daño sufrido por los particulares.

6. La sentencia que declare la inconstitucionalidad de la norma con rango de ley o declare el carácter de norma contraria al Derecho de la Unión Europea producirá efectos desde la fecha de su publicación en el "Boletín Oficial del Estado" o en el "Diario Oficial de la Unión Europea", según el caso, salvo que en ella se establezca otra cosa.

7. La responsabilidad patrimonial del Estado por el funcionamiento de la Administración de Justicia se regirá por la Ley Orgánica 6/1985, de 1 de julio, del Poder Judicial.

8. El Consejo de Ministros fijará el importe de las indemnizaciones que proceda abonar cuando el Tribunal Constitucional haya declarado, a ins-

tancia de parte interesada, la existencia de un funcionamiento anormal en la tramitación de los recursos de amparo o de las cuestiones de inconstitucionalidad.

El procedimiento para fijar el importe de las indemnizaciones se tramitará por el Ministerio de Justicia, con audiencia al Consejo de Estado.

9. Se seguirá el procedimiento previsto en la Ley de Procedimiento Administrativo Común de las Administraciones Públicas para determinar la responsabilidad de las Administraciones Públicas por los daños y perjuicios causados a terceros durante la ejecución de contratos cuando sean consecuencia de una orden inmediata y directa de la Administración o de los vicios del proyecto elaborado por ella misma sin perjuicio de las especialidades que, en su caso establezca el Real Decreto Legislativo 3/2011, de 14 de noviembre, por el que se aprueba el texto refundido de la Ley de Contratos del Sector Público».

Es interesante en cuanto al *dies a quo* y a la interpretación de «daños producidos» a efectos de la indemnización es interesante la interpretación realizada por el **Tribunal Supremo en su sentencia n.º 1706/2020, de 10 de diciembre, ECLI:ES:TS:2020:4115,** que reza el tenor literal siguiente:

«Se mantiene el plazo general de prescripción de la acción de responsabilidad patrimonial, plazo que según reiterada jurisprudencia y como señala la citada sentencia de 13 de junio de 2000 (rec. 567/98), "comienza a computarse a partir del momento en que se completan los elementos fácticos y jurídicos que permiten el ejercicio de la acción, con arreglo a la doctrina de la "actio nata" o nacimiento de la acción. Resulta evidente que el momento inicial del cómputo, en el caso contemplado, no puede ser sino el de la publicación de la sentencia del Tribunal Constitucional que, al declarar la nulidad de la ley por estimarla contraria a la Constitución, permite por primera vez tener conocimiento pleno de los elementos que integran la pretensión indemnizatoria y, por consiguiente, hacen posible el ejercicio de la acción. En consecuencia, es dicha publicación la que determina el inicio del citado plazo específicamente establecido por la ley para la reclamación por responsabilidad patrimonial."

El plazo establecido en el art. 34.1 párrafo segundo se refiere a la prescripción del daño en cuanto integra el derecho indemnizable, constituyendo la delimitación por el legislador del alcance de la responsabilidad patrimonial a través de dicho criterio temporal, imponiendo el deber general de soportar los daños producidos más allá de dicho plazo de cinco años, afectando, por lo tanto, al elemento de la antijuridicidad, como existencia de un deber legal de soportar el daño de acuerdo con la Ley (art. 32.1 LRJSP).

A tal efecto ha de tenerse en cuenta que la responsabilidad patrimonial se contempla en el art. 106.2 de la Constitución como un derecho de configuración legal, según la expresión "en los términos establecidos por la ley", de manera que corresponde al legislador definir el alcance de la misma en los distintos supuestos, contenido al que habrá de estarse en cuanto se imponga con carácter general y por igual a todos afectados, proyectándose sobre el conjunto de los ciudadanos, cuyas consecuencias tienen la obligación de soportar, en cuanto respondan al ámbito de libertad de configuración normativa que corresponde al legislador y constituya una regulación general que se mantiene dentro del marco y límites constitucionales propios del ejercicio de la potestad normativa.

Desde estas consideraciones y en cuanto atañe al cómputo de dicho plazo, no se cuestiona el dies ad quem, que viene referido a la fecha de publicación de la sentencia que declare la inconstitucionalidad de la norma según precisa el art. 34.1, fecha que opera como dies a quo en relación con el cómputo del plazo de prescripción de la acción de reclamación. Sin embargo, el precepto no es tan preciso en cuanto a la determinación del término inicial o dies a quo, refiriéndose genéricamente a "los daños producidos" como única indicación al efecto, lo que plantea la cuestión del momento en que se entiende producido el daño.

A tal efecto, ha de entenderse que cuando el precepto se refiere a "daños producidos" está aludiendo a aquellos incuestionables y definitivos que no están sujetos o pendientes de revisión. En la jurisprudencia se atiende a los distintos tipos de daños señalado las particularidades de cada caso, en relación con la consolidación y fijación de la realidad de los mismos. En este sentido y cuando el daño se imputa a un acto administrativo que se considera ilegal, la producción del daño viene referida al momento en que se consolida la situación perjudicial derivada del acto causante, que tiene lugar al agotarse las vías, para corregir o evitar la efectividad del perjuicio, utilizadas por el interesado, que en este caso se corresponde con la sentencia del Tribunal Supremo de 28 de octubre de 2016 que desestima el recurso de casación formulado frente a la resolución administrativa que rechazaba la revisión de oficio del acto administrativo perjudicial».

Una vez que hemos iniciado el procedimiento cumpliendo con todos los requisitos anteriores, comenzará la fase de instrucción, en la que el órgano instructor recabará todo aquello que considere pertinente para poder realizar una propuesta de resolución que sirva de precedente al órgano competente para resolver.

7.2.2. Instrucción y resolución del procedimiento de responsabilidad patrimonial

Instrucción del procedimiento de responsabilidad patrimonial

Comenzada la fase de instrucción, es el momento de aportar cuantos informes, documentos, etc., se consideren convenientes, siempre que exista una relación lógica con la pretensión objeto del procedimiento. En relación con los informes y dictámenes relativos a la responsabilidad patrimonial, establece el artículo 81 de la Ley 39/2015, de 1 de octubre, las siguientes particularidades:

* En estos procedimientos será preceptivo solicitar **informe** «al servicio cuyo funcionamiento haya ocasionado la presunta lesión indemnizable, no pudiendo exceder de diez días el plazo de su emisión».

- Cuando la indemnización que se reclama tenga una cuantía «igual o superior a 50.000 euros o a la que se establezca en la correspondiente legislación autonómica, así como en aquellos casos que disponga la Ley Orgánica 3/1980, de 22 de abril, del Consejo de Estado», habrá que solicitar con carácter preceptivo un dictamen del Consejo de Estado o del órgano consultivo de la comunidad autónoma cuando corresponda.

- El órgano que instruye el procedimiento contará con 10 días desde que finalice el trámite de audiencia, para remitir al «órgano competente para solicitar el dictamen una propuesta de resolución, que se ajustará a lo previsto en el artículo 91, o, en su caso, la propuesta de acuerdo por el que se podría terminar convencionalmente el procedimiento». El órgano competente para solicitar el dictamen será el órgano competente para resolver el procedimiento. El dictamen será emitido en un plazo de **dos meses** y «deberá pronunciarse sobre la existencia o no de **relación de causalidad** entre el funcionamiento del servicio público y la **lesión** producida y, en su caso, sobre la valoración del daño causado y la cuantía y modo de la indemnización de acuerdo con los criterios establecidos en esta ley».

- Cuando las reclamaciones de responsabilidad patrimonial del Estado se deban a un funcionamiento anormal de la Administración de Justicia, «será preceptivo el informe del Consejo General del Poder Judicial que será evacuado en el plazo máximo de dos meses. El plazo para dictar resolución quedará suspendido por el tiempo que medie entre la solicitud, del informe y su recepción, no pudiendo exceder dicho plazo de los citados dos meses».

- En esta fase, se abrirá el trámite de audiencia para que los interesados «presuntamente lesionados» aleguen lo que estimen, atendiendo al deber constitucional de audiencia a los interesados o el «derecho a ser oídos», regulado en el artículo 105 de la CE.

A TENER EN CUENTA. En los procedimientos de responsabilidad patrimonial, derivados de la ejecución de contratos, será necesario dar audiencia al contratista. Se refiere a ello el artículo 82.5 de la Ley 39/2015, de 1 de octubre, en los siguientes términos:

«5. En los procedimientos de responsabilidad patrimonial a los que se refiere el artículo 32.9 de la Ley de Régimen Jurídico del Sector Público, será necesario en todo caso dar audiencia al contratista, notificándole cuantas actuaciones se realicen en el procedimiento, al efecto de que se persone en el mismo, exponga lo que a su derecho convenga y proponga cuantos medios de prueba estime necesarios».

‖ Resolución del procedimiento de responsabilidad patrimonial

Finalizada la fase de instrucción y el trámite de audiencia, el órgano instructor remitirá la propuesta de resolución al órgano competente para resolver. En los casos en los que no proceda la terminación convencional: «(...)

será necesario que la resolución se pronuncie sobre la existencia o no de la relación de causalidad entre el funcionamiento del servicio público y la lesión producida y, en su caso, sobre la valoración del daño causado, la cuantía y el modo de la indemnización, cuando proceda, de acuerdo con los criterios que para calcularla y abonarla se establecen en el artículo 34 de la Ley de Régimen Jurídico del Sector Público. (...) Transcurridos **seis meses** desde que se inició el procedimiento sin que haya recaído y se notifique resolución expresa o, en su caso, se haya formalizado el acuerdo, podrá entenderse que la resolución es contraria a la indemnización del particular», tal y como establece el artículo 91 de la Ley 39/2015, de 1 de octubre.

Por lo tanto, en los procedimientos de responsabilidad patrimonial, el silencio administrativo tendrá carácter desestimatorio. Por el contrario, en los casos en los que se notifique resolución expresa, habrá que motivarla con sucinta referencia de hechos y fundamentos de derecho, tal y como establece el artículo 35 de la Ley 39/2015, de 1 de octubre:

> «1. Serán motivados, con sucinta referencia de hechos y fundamentos de derecho:
>
> (...)
>
> h) Las propuestas de resolución en los procedimientos de carácter sancionador, así como los actos que resuelvan procedimientos de carácter sancionador o de responsabilidad patrimonial».

En aquellos casos en los que el órgano competente para la tramitación del procedimiento considere «inequívoca la relación de causalidad entre el funcionamiento del servicio público y la lesión, así como la valoración del daño y el cálculo de la cuantía de la indemnización», se podrá acordar de oficio la iniciación de un procedimiento simplificado (art. 96.4 de la Ley 39/2015, de 1 de octubre).

Por último, el procedimiento de responsabilidad patrimonial que se tramite mediante el procedimiento ordinario finalizará mediante resolución por parte del órgano competente. Para saber a quién corresponde la **competencia** para emitir la resolución, acudimos al artículo 92 de la LPACAP:

> «En el ámbito de la **Administración General del Estado**, los procedimientos de responsabilidad patrimonial se resolverán por el Ministro respectivo o por el Consejo de Ministros en los casos del artículo 32.3 de la Ley de Régimen Jurídico del Sector Público o cuando una ley así lo disponga.
>
> En el ámbito autonómico y local, los procedimientos de responsabilidad patrimonial se resolverán por los órganos correspondientes de las Comunidades Autónomas o de las Entidades que integran la Administración Local.
>
> En el caso de las **Entidades de Derecho Público**, las normas que determinen su régimen jurídico podrán establecer los órganos a quien corresponde la resolución de los procedimientos de responsabilidad patrimonial. En su defecto, se aplicarán las normas previstas en este artículo».

Dicha resolución, pone fin a la vía administrativa [art. 114.1.e) de la Ley 39/2015, de 1 de octubre].

En el procedimiento de responsabilidad patrimonial, como hemos observado, intervienen diversos órganos en el transcurso del procedimiento. El siguiente esquema puede servir de aclaración:

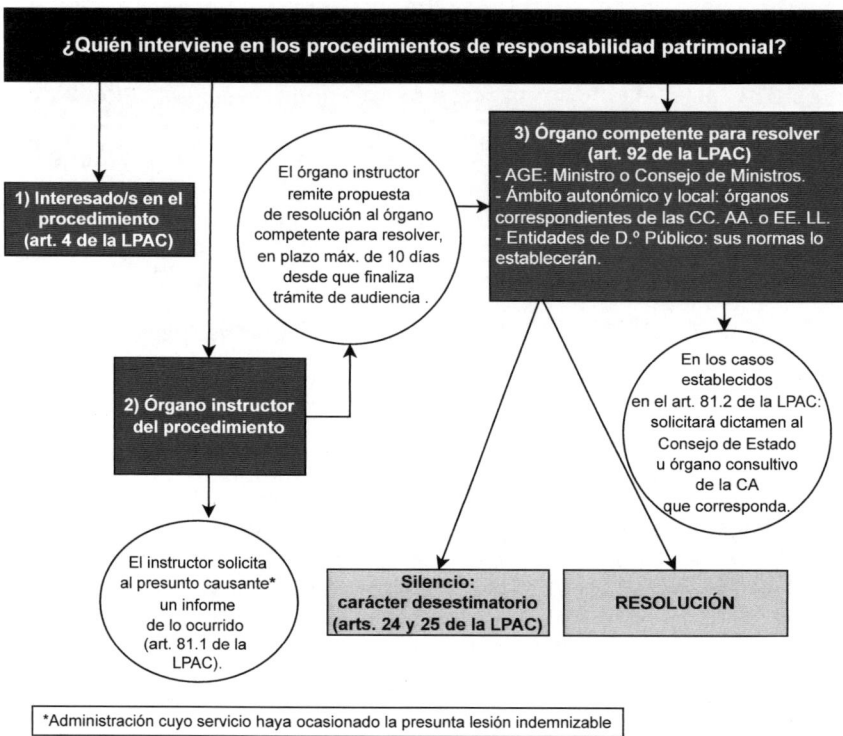

¿Quién interviene en los procedimientos de responsabilidad patrimonial?

1) Interesado/s en el procedimiento (art. 4 de la LPAC)

El órgano instructor remite propuesta de resolución al órgano competente para resolver, en plazo máx. de 10 días desde que finaliza trámite de audiencia.

3) Órgano competente para resolver (art. 92 de la LPAC)
- AGE: Ministro o Consejo de Ministros.
- Ámbito autonómico y local: órganos correspondientes de las CC. AA. o EE. LL.
- Entidades de D.º Público: sus normas lo establecerán.

2) Órgano instructor del procedimiento

En los casos establecidos en el art. 81.2 de la LPAC: solicitará dictamen al Consejo de Estado u órgano consultivo de la CA que corresponda.

El instructor solicita al presunto causante* un informe de lo ocurrido (art. 81.1 de la LPAC).

Silencio: carácter desestimatorio (arts. 24 y 25 de la LPAC)

RESOLUCIÓN

*Administración cuyo servicio haya ocasionado la presunta lesión indemnizable

JURISPRUDENCIA

Responsabilidad patrimonial por anulación en vía administrativa o contencioso-administrativa de un acto

STS n.º 297/2018, de 27 de febrero, ECLI:ES:TS:2018:633

«La responsabilidad patrimonial no se anuda con carácter necesario a la anulación del acto o resolución administrativa sino que es preciso valorar si tal actividad administrativa se ha producido en el margen de razonabilidad que corresponde al caso. Ciertamente la anulación del acto pone de manifiesto la ilegalidad de la actuación administrativa y el derecho de quien obtiene tal declaración a que se restablezca la legalidad perturbada, pero ello no lleva necesariamente consigo la producción de una lesión para el interesado que resulte indemnizable en concepto de responsabilidad patrimonial, para lo cual es preciso que concurran los requisitos exigidos al efecto, entre ellos la antijuridicidad del daño, que, como hemos señalado antes, no viene referida al aspecto subjetivo de la legalidad o ilegalidad de la actividad administrativa sino al objetivo de la reparabilidad del perjuicio que resulta de la inexistencia de un título que justifique el daño, de manera que si, no obstante la ilegalidad declarada, se

advierte que el particular tiene el deber legal de soportar el daño, falta tal elemento de la antijuridicidad que impide reconocer la responsabilidad patrimonial reclamada».

Responsabilidad patrimonial del Estado-legislador

STS n.º 74/2020, de 27 de enero, ECLI:ES:TS:2020:241

«Se trata de garantizar la indemnidad patrimonial, mediante la reparación de las lesiones producidas a los particulares en sus bienes y derechos, por la actividad de la Administración, en este caso la aplicación de actos legislativos, causándole una lesión que no tiene el deber de soportar. La finalidad de la institución se asocia a la reparación de la situación patrimonial del administrado afectada por la actividad administrativa y el fundamento legal viene determinado por la falta de justificación de la lesión en cuanto no existe un título que imponga al interesado el deber de asumir el daño patrimonial. De tal manera que el sistema de la responsabilidad patrimonial de la Administración, teniendo como presupuesto la existencia de una lesión patrimonial real y actual, responde al elemento fundamental de la antijuridicidad del daño, que viene a configurar la lesión como indemnizable, antijuridicidad que no se refiere a la legalidad o ilegalidad de la conducta del sujeto agente que materialmente la lleva a cabo sino a esa falta de justificación del daño, es decir, a la inexistencia de una causa legal que legitime la lesión patrimonial del particular e imponga al mismo el deber de soportarla».

Responsabilidad patrimonial por daños provocados por fauna salvaje (lobos) en explotación ganadera. Excepción del artículo 54.6 de la Ley 42/2007, de 13 de diciembre (Patrimonio Natural y Biodiversidad)

STS n.º 171/2020, de 11 de febrero, ECLI:ES:TS:2020:367

«La cuestión litigiosa se centra, pues, en la interpretación que haya de darse al inciso "excepto en los supuestos establecidos en la normativa sectorial específica" que se prevé como excepción al régimen general contenido en el artículo 54.6 de la Ley 42/2007, de 13 de diciembre, del Patrimonio Natural y de la Biodiversidad.

(...)

(…) la excepción a la regla general establecida en el artículo 54.6, que examinamos, no responde a una previsión expresa y completa que atribuya responsabilidad a las Administraciones públicas por los daños causados por las especies de fauna silvestre, como mantiene la recurrente, sino a la existencia de una normativa sectorial por la que se sujeta de manera específica a determinada especie a algún régimen especial de protección, cuyo desarrollo y efectividad responde a la adopción por la Administración de concretas medidas y actuaciones, que hagan compatible, en la medida de lo posible, el régimen de protección con los derechos e intereses patrimoniales de los administrados, respondiendo la Administración de los daños causados por la gestión de este régimen de protección especial que el administrado no tenga el deber de soportar».

CUESTIÓN

¿Es responsable la Administración pública por la colisión entre un vehículo y un jabalí?

A pesar de que la caza es una materia cuya competencia corresponde a la Administración pública y a pesar también de las reiteradas solicitudes de reclamación por responsabilidad patrimonial presentadas contra la Administración, el Real Decreto Legislativo 6/2015, de 30 de octubre, por el que se aprueba el texto refundido de la Ley sobre Tráfico, Circulación de Vehículos a Motor y Seguridad Vial, establece en la disposición adicional séptima sobre «Responsabilidad en accidentes de tráfico por atropellos de especies cinegéticas»:

«En accidentes de tráfico ocasionados por atropello de especies cinegéticas en las vías públicas será responsable de los daños a personas o bienes el conductor del vehículo sin que pueda reclamarse por el valor de los animales que irrumpan en aquellas.

No obstante, será responsable de los daños a personas o bienes el titular del aprovechamiento cinegético o, en su defecto, el propietario del terreno, cuando el accidente de tráfico sea consecuencia directa de una acción de caza colectiva de una especie de caza mayor llevada a cabo el mismo día o que haya concluido doce horas antes de aquel.

*También podrá ser responsable el titular de la vía pública en la que se produzca el accidente como consecuencia de no haber reparado la **valla de cerramiento en plazo**, en su caso, o por no disponer de la **señalización específica** de animales sueltos **en tramos con alta accidentalidad** por colisión de vehículos con los mismos».*

El texto transcrito establece dos títulos de imputación:

1. No haber reparado la valla de cerramiento. Ha de tenerse presente que en una carretera convencional no existe obligación de vallado.

2. No disponer de la señalización específica de animales sueltos en tramos con alta accidentalidad por colisión de vehículos con los mismos.

Para responsabilizar a la Administración es preciso que estemos ante un tramo con «alta accidentalidad», que es un concepto jurídico indeterminado, y que dicho tramo no disponga de señalización específica de animales sueltos. La sentencia de la Audiencia Nacional, rec. 1290/2017, de 24 de mayo de 2019, ECLI:ES:AN:2019:2324, recoge el criterio establecido por el Ministerio de Fomento para concretar la «alta siniestralidad»: «cuando en un tramo de 1 km de longitud se hayan producido tres o más accidentes por atropellos de dichas especies, considerando el periodo de los últimos cinco años».

RESOLUCIÓN RELEVANTE

Sentencia del Juzgado de lo Contencioso Administrativo de Segovia n.º 37/2020, de 5 de marzo, ECLI:ES:JCA:2020:1427

«— Falta de reparación vallado carretera convencional.

Este título de imputación requiere que previamente existiera vallado en la vía pública, por así exigirlo la normativa (en su caso), y que se haya producido una falta de reparación. La normativa sectorial de carreteras autonómica, en el artículo 5, establece una diferenciación entre carreteras convencionales, y las autopistas, autovías y vías para automóviles.

Las carreteras convencionales, de conformidad con lo dispuesto en el apartado 5 del artículo 6 de la ley 10/ 2008 "Son carreteras convencionales las que no reúnan las características propias de las autopistas, autovías y vías para automóviles" y dentro de las características de las autopistas, autovías y vías para automóviles destaca que "tienen limitación de acceso a las propiedades colindantes".

Por lo tanto, las carreteras convencionales, la administración autonómica, precisamente por ser carreteras que no tienen la nota de alta densidad de tráfico, y en las que la velocidad a la que se puede circular es menor, y en las que no se impide acceso a las propiedades colindantes, son vías, en las que no se exige el cerramiento de las mismas, de tal manera, que no existiendo obligación de vallado, ni existiendo el mismo, no existe obligación de vallado, y por lo tanto, no se puede exigir responsabilidad por su ausencia.

— Falta de señalización de la carretera animales sueltos en tramos con alta accidentalidad por colisión de vehículos con los mismos.

Este tema merece un estudio detenido del concepto jurídico indeterminado "alta siniestralidad". Para poder determinar que se entiende por tal, se acudió en otros procedimientos a la Jefatura Provincial de Tráfico que no tiene estandarizado dentro de sus protocolos como definir dicho concepto. Existe la utilización de otros elementos para la valoración de los denominados puntos negros, en los que se tiene en cuenta como criterio cualitativo, la existencia de daños personales. Al no existir elemento objetivable de valoración, hemos de indicar que el concepto indeterminado debe estar compuesto de las siguientes variables:

- Número de accidentes producidos por especies cinegéticas, sin que se deba efectuar una distinción entre animales de caza mayor o menor, dado que el texto legal alude a animales sueltos dentro de las especies cinegéticas.

- Periodo en el que se produce dichos accidentes.

- Tramo de carretera en el que se producen los accidentes.

Desde un punto de vista literal y finalista, podemos excluir aquellas carreteras que tengan uno o dos accidentes, dado que, si no, no existiría diferencia entre una vía de "no alta siniestralidad" y una vía que tenga estas características. Por ello, entendemos, dado que por seguridad jurídica debe establecerse un criterio inicial que permita concretar qué se entiende por alta siniestralidad, que puede ser revisable cuando se observe otro método o modo más objetivo.

Este juzgado ha mantenido en pleitos similares, que el número de accidentes no podrá ser inferior a 5 accidentes en un periodo de un año, 8 o más accidentes en un periodo de dos años, o 12 accidentes en un periodo de tres años.

Y en cuanto a la distancia entre los accidentes, este debe producirse en un tramo de 3 km, en ambos sentidos, a contar desde el lugar del accidente. Y este tramo, aparece recogido como referencia para la indicación de los Tramos de Concentración de Accidentes, al indicar en la contestación del oficio a la Jefatura de Tráfico lo siguiente:

Y este tramo de 3 km, es un tramo medio, dado que las señales P24 tienen diferente tramo para indicar la peligrosidad de la vía, siendo el tramo de 3 km una estimación ponderada, de las diversas señales existentes en las carreteras autonómicas, e incluso más concretamente las carreteras provinciales, donde se encuentran con la misma problemática.

Pero este criterio va a ser modificado, teniendo en cuenta, que existen parámetros del Ministerio de Fomento que indica que se entiende por alta siniestralidad, y que ha sido aceptado por la Sala CA de la Audiencia Nacional. Concretamente, la sentencia Sala de lo CA de la Audiencia Nacional, sección 8.ª, de fecha 24.5.2019 señala dos criterios para delimitar el concepto alta siniestralidad. El primer criterio: El criterio establecido por el Ministerio de Fomento para determinar un tramo de carretera convencional como de "alta siniestralidad" por la presencia de especies cinegéticas se produce cuando en un tramo de 1 km de longitud se hayan producido tres o más accidentes por atropellos de dichas especies, considerando el periodo de los últimos 5 años. El segundo criterio: "Ahora bien, hay otro criterio que se vincula a la necesidad de instalar señales, que es la existencia de un coto del que deriva la posible presencia de animales sueltos".

Este criterio nos parece más acertado que el indicado por el Consejo Consultivo que indica que debe existir un mínimo de un accidente al mes. Y entendemos más acertado el criterio sustentado por la Audiencia Nacional, al fijar diversos elementos, como son la continuidad en la siniestralidad en un punto kilométrico, necesidad de producirse en un espacio acotado, y número de accidentes derivados del informe del Ministerio de Fomento para entender que concurre la alta siniestralidad en un punto por animales cinegéticos.

> *Con estos elementos, y la descripción de los accidentes ocurridos en el tramo de carretera señalado por la defensa de la parte actora, hemos de desestimar la demanda, al entender que no concurre el criterio de alta siniestralidad en los términos que ha sido interpretado».*

En relación a lo anterior, resulta interesante aclarar que, en el ámbito de responsabilidad patrimonial, existe la responsabilidad subjetiva, exigible a una persona como consecuencia de una acción u omisión, con dolo o culpa, en el ejercicio de sus funciones; y, la responsabilidad objetiva, en la que no media ni dolo ni culpa, sino que, es una consecuencia inevitable derivada de la propia actividad de la Administración.

Asimismo, la Administración respondería en aquellos casos en los que la pieza causante de los daños **no** corresponda al titular del terreno de aprovechamiento, ya que son competencia de la Administración, por un lado, «los montes y aprovechamientos forestales» (art. 148.1.8.ª de la CE) y, por otro, «la caza» (art. 148.1.11.ª de la CE).

Por lo tanto, y como conclusión, para que la Administración sea responsable por los daños causados, se exige relación de causalidad entre la acción/omisión de la Administración y los daños producidos; la ausencia de señalización específica en tramos con alta accidentalidad; o el incumplimiento o no reparación del vallado.

En relación con la responsabilidad del propietario del terreno, indica la **sentencia de la Audiencia Provincial de Pontevedra n.º 24/2008, de 16 de enero, ECLI:ES:APPO:2008:127,** que «la irrupción del jabalí debe ser consecuencia directa de la acción de cazar o de una falta de diligencia en la conservación del terreno acotado, pero acreditado el daño y la relación de causalidad, la debida diligencia en la llevanza del coto de donde proviene la pieza, corresponde al titular cinegético, de forma que la falta de esa prueba conlleva la declaración de responsabilidad de aquel y, por ende de su compañía aseguradora puesto que es evidente, (...) que si una "manada de jabalíes" circulan por la vía es debido a que el coto no estaba bien protegido, no estaba, luego, bien conservado, y de ello debe responder el titular del aprovechamiento (...) se produjo una falta de diligencia en la "conservación del terreno acotado", ya que en otro caso no se hubieran escapado las piezas que irrumpieron en la carretera, y si se escaparon del coto es que tenían por donde hacerlo».

En su virtud, la falta de diligencia del responsable del terreno de aprovechamiento puede tener como consecuencia la responsabilidad de los daños y lesiones producidas, pero esto se desarrollaría en la jurisdicción civil desvinculando a la Administración de todo procedimiento.

8
LA EJECUCIÓN DEL ACTO ADMINISTRATIVO

La ejecución forzosa del acto administrativo

La ejecución de los actos administrativos viene regulada en los artículos 97 a 105 de la Ley 39/2015, de 1 de octubre, integrantes del capítulo VII del título IV.

El artículo 97 de la LPACAP establece un requisito básico respecto a la ejecución de los actos, ya que la Administración no podrá iniciar ninguna actuación material que limite derechos de los particulares sin que de manera previa se haya adoptado la resolución que le sirva de fundamento. Asimismo, el órgano que ordene un acto de ejecución material, lo hará mediante un título, que está obligado a notificar al particular al que le vaya a afectar la actuación administrativa.

Los actos de las Administraciones públicas sujetos al derecho administrativo serán inmediatamente ejecutivos, salvo en los casos que recoge el artículo 98.1 de la LPAC:

a) Suspensión de la ejecución del acto.

b) Resolución de un procedimiento sancionador contra la que quepa algún recurso en vía administrativa incluido el potestativo de reposición.

c) Que una disposición establezca lo contrario.

d) Que requiera de aprobación o autorización superior.

Las resoluciones administrativas con las que nazca una obligación de pago derivada de una sanción pecuniaria, multa, etc., que haya de abonarse a la Hacienda pública, se harán efectivas mediante pago electrónico —salvo que se justifique la imposibilidad de hacerlo— por alguno de los siguientes medios (art. 98.2 de la LPACAP):

- Tarjeta de crédito y débito.

- Transferencia bancaria.

- Domiciliación bancaria.

- Cualesquiera otros que se autoricen por el órgano competente en materia de hacienda pública.

En los casos en los que la sanción no sea abonada de manera voluntaria por parte del infractor, el artículo 99 de la LPACAP recoge la posibilidad de ejecutar la resolución de manera forzosa previo apercibimiento al deudor. A tal fin, el artículo 100 de la LPACAP enumera una serie de medios para llevarla a cabo.

Es muy interesante la **sentencia del Tribunal Supremo n.º 158/2023, de 9 de febrero, ECLI:ES:TS:2023:409,** que fija la siguiente doctrina:

> «Con interpretación de los arts. 95 y 107.1 de la Ley 30/1992 (siendo los preceptos equivalentes -vigentes desde el 2 de octubre de 2016- los artículos 99 y 112.1 de la Ley 39/2015, **fijamos la siguiente doctrina:**
>
> 1.º) **El apercibimiento** (debidamente notificado al obligado), **junto con el título ejecutivo** (resolución administrativa definitiva que impone la obligación a ejecutar), **es un presupuesto inexcusable para el inicio del procedimiento de ejecución forzosa.**
>
> 2.º) **Como acto iniciador de un procedimiento, en principio, es un acto de trámite insusceptible de recurso autónomo, salvo que genere indefensión o prejuicios de difícil reparabilidad,** lo que facultará a su impugnación siempre y cuando los motivos del recurso vayan referidos única y exclusivamente al procedimiento de ejecución forzosa, sin posibilidad de cuestionar la resolución administrativa que se trata de ejecutar».

Medios de ejecución forzosa del acto administrativo

Apremio sobre el patrimonio (art. 101 de la Ley 39/2015, de 1 de octubre)

Se prevé el procedimiento de apremio para aquellos casos en los que haya que satisfacer una cantidad líquida. Se seguirá el procedimiento previsto en las normas reguladoras del procedimiento de apremio.

Ejecución subsidiaria (art. 102 de la Ley 39/2015, de 1 de octubre)

La ejecución subsidiaria consiste en que una persona distinta a la obligada cumplirá lo dispuesto en el acto administrativo. Esto solo ocurrirá en los casos en los que no sean actos personalísimos. El importe de los gastos, daños y perjuicios se exigirá por la vía de apremio anteriormente mencionada.

Multa coercitiva (art. 103 de la Ley 39/2015, de 1 de octubre)

Las Administraciones públicas podrán, cuando la ley o la norma lo permitan, imponer multas coercitivas de manera reiterada por lapsos de tiempo con el objetivo de que se cumpla lo ordenado. Los supuestos permitidos son los siguientes:

- Los actos personalísimos en los que no proceda la compulsión directa sobre la persona del obligado.

- Los actos en los que, procediendo la compulsión, la Administración no la estimara conveniente.

- Los actos cuya ejecución pueda el obligado encargar a otra persona.

Es importante indicar que la multa coercitiva es un complemento a la sanción, por lo que es independiente a esta y no conlleva la vulneración del principio *non bis in idem*. Así lo expresa la **sentencia del Tribunal Constitucional n.º 239/1988, de 14 de diciembre, ECLI:ES:TC:1988:239**: «(...) no se castiga una conducta realizada porque sea antijurídica, sino que se constriñe a la realización de una prestación o al cumplimiento de una obligación concreta previamente fijada por el acto administrativo que se trata de ejecutar, y mediando la oportuna conminación o apercibimiento».

Compulsión sobre las personas (art. 104 de la Ley 39/2015, de 1 de octubre)

Se contempla la posibilidad de ejecutar por compulsión directa sobre las personas en aquellos actos administrativos que imponen una obligación personalísima de no hacer o soportar, siempre que la ley expresamente lo autorice, y dentro del respeto debido a su dignidad y a los derechos reconocidos constitucionalmente.

En los casos en los que se trate de obligaciones personalísimas de hacer y estas no se realizaran, el obligado deberá resarcir los daños y perjuicios, cuya liquidación y cobro se hará en vía administrativa.

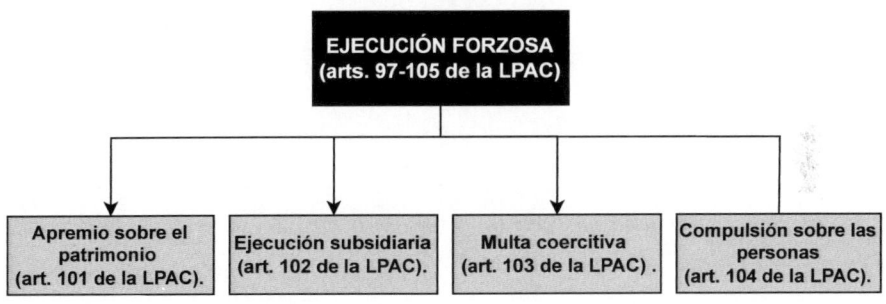

El principio de proporcionalidad en la ejecución forzosa del acto administrativo

El principio de proporcionalidad de la sanción es, según la RAE la «garantía del derecho administrativo sancionador que debe entenderse consagrada en el artículo 25.1 de la Constitución Española y exige que en la determinación normativa del régimen sancionador así como en la imposición de la sanción por la Administración se guarde la debida adecuación o correspondencia entre la gravedad de la infracción cometida y la intensidad de la sanción aplicada».

Además, el artículo 29 de la Ley 40/2015, de 1 de octubre, siguiendo lo establecido en el artículo 25.3 de la CE, establece que las sanciones administrativas, sean de naturaleza pecuniaria o no, no podrán implicar privación de libertad **en ningún caso**, ni directa ni subsidiariamente.

En el régimen sancionador, la imposición de sanciones por las Administraciones públicas deberá observar la debida idoneidad y deberá adecuarse a la gravedad del hecho constitutivo de la infracción. Para ello, se establecen una serie de criterios que faciliten la graduación:

- **Grado de culpabilidad** o existencia de intencionalidad.
- **Continuidad o persistencia** en la conducta infractora.
- **Naturaleza de los perjuicios** causados.
- **Reincidencia en el término de un año**, de más de una infracción de la misma naturaleza cuando así haya sido declarado por resolución firme en vía administrativa.

El principio de proporcionalidad es, por tanto, un requisito en los procedimientos de ejecución forzosa del acto administrativo, independientemente del medio que se utilice, por lo que habrá que elegir el menos restrictivo de la libertad individual. Asimismo, en aquellos casos en los que fuese necesario entrar en el domicilio del afectado o en otros lugares cuya entrada requiera la autorización de su titular, las Administraciones públicas deberán obtener el consentimiento o, en su defecto, la oportuna autorización judicial (arts. 91.2 de la LOPJ y 8.6 de la Ley reguladora de la Jurisdicción Contencioso-administrativa).

ANEXO I
CASOS PRÁCTICOS

Caso práctico | Pago voluntario de sanción administrativa y reconocimiento de responsabilidad

PLANTEAMIENTO

A una persona le han impuesto una sanción económica por una infracción administrativa. Realiza el pago voluntario, pero quiere recurrir la sanción porque no está de acuerdo con la misma. Como previamente ha pagado, ¿ello supone que ha reconocido su responsabilidad? ¿Puede recurrir?

RESPUESTA

El art. 85 de la LPAC establece:

> «1. Iniciado un procedimiento sancionador, si el infractor **reconoce su responsabilidad**, se podrá resolver el procedimiento con la imposición de la sanción que proceda.
> 2. Cuando la sanción tenga únicamente carácter pecuniario o bien quepa imponer una sanción pecuniaria y otra de carácter no pecuniario pero se ha justificado la improcedencia de la segunda, el **pago voluntario** por el presunto responsable, en cualquier momento anterior a la resolución, implicará la terminación del procedimiento, salvo en lo relativo a la reposición de la situación alterada o a la determinación de la indemnización por los daños y perjuicios causados por la comisión de la infracción.
> 3. En ambos casos, cuando la sanción tenga únicamente carácter pecuniario, el órgano competente para resolver el procedimiento **aplicará reducciones de, al menos, el 20 % sobre el importe de la sanción propuesta**, siendo éstos acumulables entre sí. Las citadas reducciones, deberán estar determinadas en la notificación de iniciación del procedimiento y **su efectividad estará condicionada al desistimiento o renuncia de cualquier acción o recurso en vía administrativa** contra la sanción.
> El porcentaje de reducción previsto en este apartado podrá ser incrementado reglamentariamente».

Para dar una respuesta a esta cuestión podemos atender a lo que ha establecido el Tribunal Supremo en su **sentencia n.º 1260/2022, de 6 de octubre, ECLI:ES:TS:2022:3576.** En esta resolución el Alto Tribunal parte de la idea de que quien se limita a un pago anticipado de la sanción pecuniaria **no está reconociendo su responsabilidad**. Si bien es cierto que el precepto referenciado condiciona la reducción del importe de la sanción al desistimiento o renuncia de cualquier acción o recurso en vía administrativa contra la sanción, este se refiere únicamente a la vía administrativa, por lo que **nada impide que se recurra la sanción a través de la vía jurisdiccional**. En este sentido se ha pronunciado el Tribunal Supremo en la **sentencia n.º 232/2021, de 18 de febrero, ECLI:ES:TS:2021:696** que señala:

> «A juicio de esta Sala, la solución a esta cuestión no ofrece duda alguna. Dada la claridad de la redacción del precepto mencionado, basta su simple

lectura para constatar que no cabe alcanzar otra conclusión que no sea la de entender que la renuncia o el desistimiento que se exigen en el referido precepto para poder beneficiarse de las reducciones en el importe de la sanción se proyectan única y exclusivamente sobre las acciones o recursos contra la sanción a ejercitar en la vía administrativa y no en la judicial. Y esa claridad hace innecesaria la utilización de cualquier otro método de interpretación ("in claris non fit interpretatio"), como reiteradamente ha establecido este Tribunal Supremo (por todas, baste citar nuestra STS n.º 1582/2020, de 23 de noviembre, RCA 4333/2019)».

Por lo anterior concluye el Tribunal Supremo en la citada **sentencia n.º 1260/2022, de 6 de octubre, ECLI:ES:TS:2022:3576**, lo siguiente:

«Es decir, si el que se limita, a la vista de la imputación de una infracción administrativa, a su pago anticipado y voluntario, sin aceptar en modo alguno ni los hechos ni su tipificación ni la culpabilidad; y **puede cuestionar esa imputación, cuando menos en vía contencioso-administrativa**, deberá reconocerse que, en puridad de principios, estos pagos anticipados recuerdan el viejo principio, que tanta problemática suscitó en su momento, del "solve et repete", propio de un Derecho Administrativo Sancionador ya superado, si bien con la ventaja de que el sancionado obtiene una considerable reducción de la sanción».

De lo expuesto se deduce que **el pago voluntario no supone el reconocimiento de la responsabilidad y que el sancionado podrá recurrir la infracción administrativa por medio de vía jurisdiccional**.

Caso práctico | Responsabilidad patrimonial del Estado por incumplimiento de derecho comunitario

PLANTEAMIENTO

Si un particular sufre daños porque el Estado incumple una norma de derecho comunitario, ¿tiene derecho a reclamar responsabilidad patrimonial del Estado?

RESPUESTA

El art. 32.3 de la Ley 40/2015, de 1 de octubre señala:

«3. Asimismo, **los particulares tendrán derecho a ser indemnizados por las Administraciones Públicas de toda lesión que sufran en sus bienes y derechos como consecuencia de la aplicación de actos legislativos** de naturaleza no expropiatoria de derechos que no tengan el deber jurídico de soportar cuando así se establezca en los propios actos legislativos y en los términos que en ellos se especifiquen.

La responsabilidad del Estado legislador podrá surgir también en los siguientes supuestos, siempre que concurran los requisitos previstos en los apartados anteriores:

a) Cuando los daños deriven de la aplicación de una norma con rango de ley declarada inconstitucional, siempre que concurran los requisitos del apartado 4.

b) **Cuando los daños deriven de la aplicación de una norma contraria al Derecho de la Unión Europea,** de acuerdo con lo dispuesto en el apartado 5».

Añade el artículo 32.5 de la Ley 40/2015, de 1 de octubre que:

«Si la **lesión es consecuencia de la aplicación de una norma declarada contraria al Derecho de la Unión Europea,** procederá su indemnización cuando el particular haya obtenido, en cualquier instancia, **sentencia firme desestimatoria de un recurso** contra la actuación administrativa que ocasionó el daño, siempre que se hubiera alegado la infracción del Derecho de la Unión Europea posteriormente declarada. Asimismo, deberán cumplirse todos los **requisitos** siguientes:

a) La norma ha de tener por objeto **conferir derechos a los particulares.**

b) El **incumplimiento** ha de estar **suficientemente caracterizado.**

c) Ha de existir una **relación de causalidad directa** entre el incumplimiento de la obligación impuesta a la Administración responsable por el Derecho de la Unión Europea y el daño sufrido por los particulares».

Con este precepto se trata de proteger la indemnidad patrimonial mediante la reparación de las lesiones producidas a los particulares en sus bienes y derechos. Con relación a esta responsabilidad resulta de interés la **sentencia del Tribunal Supremo n.º 320/2023, de 13 de marzo, ECLI:ES:TS:2023:858** que señala:

«(...) **se trata de garantizar la indemnidad patrimonial,** mediante la reparación de las lesiones producidas a los particulares en sus bienes y derechos, por la actividad de la Administración, **en este caso por la aplicación de actos legis-**

lativos, contrarios a la Constitución o al Derecho de la Unión, causándole una lesión que no tiene el deber de soportar, como expresamente señala el referido art. 32. La finalidad de la institución se asocia a la reparación de la situación patrimonial del administrado afectada por la actividad administrativa y el fundamento legal viene determinado por la falta de justificación de la lesión al no existir un título que imponga al interesado el deber de asumir el daño patrimonial. Por tanto, el sistema de la responsabilidad patrimonial de la Administración, teniendo como presupuesto la existencia de una lesión patrimonial individualizada, real y actual, responde al elemento fundamental de la antijuridicidad del daño, que viene a configurar la lesión como indemnizable, antijuridicidad que no se refiere a la legalidad o ilegalidad de la conducta del sujeto agente que materialmente la lleva a cabo, sino que se asienta en la falta de justificación del daño, es decir, en la inexistencia de una causa legal que legitime la lesión patrimonial del particular e imponga al mismo el deber jurídico de soportarla».

La regulación de esta institución, en relación con la infracción del derecho de la Unión Europea, responde a la jurisprudencia del TJUE. Así destacar la **sentencia dictada en asuntos acumulados C-6/90 y C-9/90, de 19 de noviembre de 1991, ECLI:EU:C:1991:428** en la que se establecía:

> «De todo ello resulta que el principio de la responsabilidad del Estado por daños causados a los particulares por violaciones del Derecho comunitario que le son imputables es inherente al sistema del Tratado.
> **La obligación de los Estados miembros de reparar dichos daños se basa también en el artículo 5 del Tratado,** en virtud del cual los Estados miembros deben adoptar todas las medidas generales o particulares apropiadas para asegurar el cumplimiento de las obligaciones que les incumben en virtud del Derecho comunitario. Entre esas **obligaciones se encuentra la de eliminar las consecuencias ilícitas de una violación del Derecho comunitario** (véase, en lo que respecta a la disposición análoga del artículo 86 del Tratado CECA, la sentencia de 16 de diciembre de 1960, Humblet, 6/60, Rec. p. 1125).

De todo lo expuesto resulta que el Derecho comunitario impone el principio de que los Estados miembros están obligados a reparar los daños causados a los particulares por las violaciones del Derecho comunitario que les sean imputables».

La responsabilidad del Estado miembro se produce y es exigible por la vulneración del derecho comunitario **con independencia del órgano del mismo autor de la acción u omisión causante del incumplimiento, incluso en los casos en los que lo haya sido un legislador nacional. En este sentido se ha pronunciado la sentencia del TJUE asuntos acumulados C-46/93 y C-48/93, de 5 de marzo de 1996, ECLI:EU:C:1996:79:**

> «Por consiguiente, procede responder a los órganos jurisdiccionales nacionales que el principio conforme al cual los Estados miembros están obligados a reparar los daños causados a los particulares por las violaciones del Derecho comunitario que les sean imputables es aplicable cuando el incumplimiento reprochado sea atribuido al legislador nacional».

Esta responsabilidad está condicionada a que **concurran una serie de requisitos** conforme ha señalado el Tribunal Supremo en la **sentencia n.° 292/2023, de 8 de marzo, ECLI:ES:TS:2023:769** que recoge:

> «En cuanto a los requisitos exigidos para dar lugar a indemnización en virtud de dicha responsabilidad del Estado miembro, el Tribunal de Justicia ha desarrollado una doctrina desde esa inicial sentencia (Francovich y Bonifachi),

señalando que dependen de la naturaleza de la violación del Derecho Comunitario que origine el perjuicio causado, precisando que cuando un Estado miembro incumple la obligación que le incumbe de adoptar todas las medidas necesarias para conseguir el resultado prescrito por una Directiva, la plena eficacia de esa norma de Derecho comunitario impone un derecho a indemnización siempre y cuando concurran tres requisitos: que el resultado prescrito por la Directiva implique la atribución de derechos a favor de particulares; que el contenido de estos derechos pueda ser identificado basándose en las disposiciones de la Directiva; y que exista una relación de causalidad entre el incumplimiento de la obligación que incumbe al Estado y el daño sufrido por las personas afectadas».

El TJUE señala los elementos que pueden valorarse al efecto, así el criterio decisivo para considerar que una violación del derecho comunitario es suficientemente caracterizada es el de la **inobservancia manifiesta y grave de los límites impuestos a su facultad de apreciación. En cualquier caso, es manifiestamente caracterizada cuando ha perdurado a pesar de haberse dictado una sentencia en la que se declara la existencia de incumplimiento reprochado.**

Caso práctico | Vinculación de la calificación del órgano instructor en procedimiento sancionador administrativo

PLANTEAMIENTO

En el desarrollo de una prueba deportiva de pesca submarina una embarcación arrolló a un participante al emerger a la superficie, causándole lesiones. El buceador alcanzado no portaba la boya reglamentaria para balizar su posición. La Administración consideró que los hechos eran constitutivos de una infracción grave, al considerar que la ley obligaba a que cada buceador portase una boya de señalización.

Frente a los planteamientos de la Administración la parte actora alega indefensión porque no se le indicó que los hechos suponían una vulneración de la ley, y por haber sido sancionado más gravemente de lo propuesto por el instructor. Se plantea por tanto la siguiente cuestión: ¿es vinculante la calificación dada en el acuerdo de incoación y en la propuesta de resolución?

RESPUESTA

Debemos partir de lo dispuesto en la Ley 39/2015, de 1 de octubre. Así con relación al **acuerdo de iniciación** el art. 64.2.b) de la LPAC establece que el acuerdo de iniciación deberá contener «Los hechos que motivan la incoación del procedimiento, **su posible calificación** y las sanciones que pudieran corresponder, sin perjuicio de lo que resulte de la instrucción».

En lo referente a la **propuesta de resolución** señala el art. 89.3 de la LPAC señala «En la propuesta de resolución se fijarán de forma motivada los hechos que se consideren probados y **su exacta calificación jurídica**, se determinará la infracción que, en su caso, aquéllos constituyan, la persona o personas responsables y la sanción que se proponga, la valoración de las pruebas practicadas, en especial aquellas que constituyan los fundamentos básicos de la decisión, así como las medidas provisionales que, en su caso, se hubieran adoptado (…)». Sin embargo, el art. 90.2 de la LPAC establece que «(…) No obstante, cuando el órgano competente para resolver considere que la infracción o la sanción revisten mayor gravedad que la determinada en la propuesta de resolución, se notificará al inculpado para que aporte cuantas alegaciones estime convenientes en el plazo de quince días».

De los anteriores preceptos la Audiencia Nacional en su **sentencia n.º 176/2022, de 10 de octubre, ECLI:ES:AN:2022:4750** concluye lo siguiente:

> «Es decir, el órgano sancionador únicamente **tiene que ajustarse a los hechos derivados de la instrucción. Pero no viene vinculado ni por la tipificación ni por la sanción** propuesta por el instructor; si bien, para no causar indefensión al inculpado, ha de comunicar a este último su "tesis" agravatoria para que pueda hacer alegaciones frente a ella».

Por tanto, respecto a la **instrucción,** en la misma únicamente se recoge una «posible calificación» por lo que el órgano sancionador únicamente queda **vinculado a los hechos** que han derivado de la instrucción, no así a la calificación. En relación a la **propuesta de resolución,** la autoridad **no tiene una vinculación servil respecto de la misma pudiendo alterarla, aunque en este caso debe dar audiencia al interesado** sobre la calificación o la sanción más grave que considere que debe aplicarse al caso.

Caso práctico | Análisis de los efectos en el procedimiento administrativo del auto de sobreseimiento libre dictado en procedimiento penal

PLANTEAMIENTO

En virtud del art. 77.4 de la LPAC que establece que, en los procedimientos de carácter sancionador, los hechos declarados probados por resoluciones judiciales penales firmes vincularán a las Administraciones públicas, ¿puede el auto de sobreseimiento libre dictado en el procedimiento penal vincular a la Administración pública?

RESPUESTA

No, tal y como se recoge en la **sentencia de la Audiencia Nacional, rec. 555/2009, de 18 de marzo de 2022, ECLI:ES:AN:2022:1036,** puede ser que unos mismos hechos no merezcan reproche penal, y sí en cambio, administrativo.

Se analiza en la mentada sentencia la jurisprudencia del Tribunal Constitucional, que admite que «(...) la circunstancia de que las diligencias penales hayan sido sobreseídas, como es el caso, no impide el enjuiciamiento en el ámbito administrativo, cuando se toman en cuenta normas aplicables de estructura finalista distinta y, por tanto, con eficacia o efectos diferentes (Sentencias 180/1988, de 11 de octubre, o 98/1989, de 1 de junio)».

También se hace mención de la **sentencia del Tribunal Supremo n.º 459/2017, de 15 de marzo, ECLI:ES:TS:2017:1186,** que recoge:

> «(...) no cabe sostener, como consecuencia del principio de que se trata, la prohibición genérica de un pronunciamiento administrativo sancionador, porque lo que excluye es la doble sanción y no el doble pronunciamiento. La sentencia penal absolutoria no bloquea las posteriores actuaciones administrativas sancionadoras, pero sus declaraciones sobre los hechos probados inciden necesariamente sobre la resolución administrativa (...)».

Se alude también a la **sentencia del Tribunal Supremo, rec. 3850/2012, de 20 de noviembre de 2014, ECLI:ES:TS:2014:5193,** que a estos efectos asimila las sentencias penales a los autos de sobreseimiento libre:

> «Ahora bien, así como pueden asimilarse a las sentencias absolutorias penales a los Autos de sobreseimiento libre (tanto cuanto se hubieren dictado por concurrencias de cualquiera de las causas que señala el artículo 637 de la LECr., como cuando procede por estimación del artículo de previo pronunciamiento, conforme al artículo 675 de la misma Ley, en los casos previstos en los números 2.º, 3.º y 4.º del artículo 666), no ocurre lo mismo con los Autos de sobreseimiento provisional, que no producen efectos de cosa juzgada y que además (desde luego en el caso presente así ocurre) no contiene hechos probados».

Concluye la sentencia de la AN que: «Por tanto, conforme a la anteriormente reseñada jurisprudencia, **no resulta imposible que unos mismos hechos no merezcan reproche estrictamente penal, y sí en cambio, que lo sea desde la perspectiva del ilícito administrativo (...)**».

Caso práctico | Nulidad de actuaciones por haberse prescindido en el procedimiento sancionador del trámite de audiencia

PLANTEAMIENTO

«A» recibe un acuerdo de incoación de un procedimiento sancionador, el 15 de septiembre de 2020.

«A» formula alegaciones e interesa prueba el 25 de septiembre de 2020.

La propuesta de resolución es de fecha 6 de octubre de 2020 y «A» fue notificado de la misma el 13 de octubre.

«A» registra alegaciones a la propuesta de resolución el 21 de octubre de 2020.

A la vista de lo anterior no hay trámite de audiencia. En este caso, ¿la ausencia del trámite de audiencia tiene efectos invalidantes del procedimiento sancionador?

RESPUESTA

En primer lugar, debemos atender a lo señalado en el artículo 82.1 de la LPACAP:

> «1. Instruidos los procedimientos, e inmediatamente antes de redactar la propuesta de resolución, se pondrán de manifiesto a los interesados o, en su caso, a sus representantes, para lo que se tendrán en cuenta las limitaciones previstas en su caso en la Ley 19/2013, de 9 de diciembre.
> La audiencia a los interesados será anterior a la solicitud del informe del órgano competente para el asesoramiento jurídico o a la solicitud del Dictamen del Consejo de Estado u órgano consultivo equivalente de la Comunidad Autónoma, en el caso que éstos formaran parte del procedimiento.
> 2. Los interesados, en un plazo no inferior a diez días ni superior a quince, podrán alegar y presentar los documentos y justificaciones que estimen pertinentes.
> 3. Si antes del vencimiento del plazo los interesados manifiestan su decisión de no efectuar alegaciones ni aportar nuevos documentos o justificaciones, se tendrá por realizado el trámite.
> 4. Se podrá prescindir del trámite de audiencia cuando no figuren en el procedimiento ni sean tenidos en cuenta en la resolución otros hechos ni otras alegaciones y pruebas que las aducidas por el interesado.
> 5. En los procedimientos de responsabilidad patrimonial a los que se refiere el artículo 32.9 de la Ley de Régimen Jurídico del Sector Público, será necesario en todo caso dar audiencia al contratista, notificándole cuantas actuaciones se realicen en el procedimiento, al efecto de que se persone en el mismo, exponga lo que a su derecho convenga y proponga cuantos medios de prueba estime necesarios».

En segundo lugar, cabe señalar que para que la omisión del trámite de audiencia sea una causa invalidante del pacto que se dicte es preciso que se produzca indefensión real, no formal y efectiva en los interesados, así lo señala el **Tribunal Supremo en su sentencia rec. 8653/1995, de 18 de marzo de 2002, ECLI:ES:TS:2002:1933**.

Por lo señalado anteriormente, podemos llegar a la conclusión de que la mera omisión del trámite de audiencia provoque siempre, y en todo caso, la nulidad de lo actuado (**sentencia del Tribunal Supremo rec. 229/1993, de 21 de febrero de 2000, ECLI:ES:TS:2000:1256**).

Así, es interesante lo señalado por el **Tribunal Superior de Justicia de Andalucía n.º 1425/2023, de 25 de mayo, ECLI:ES:TSJAND:2023:4676**, que reza el tenor literal siguiente:

> «La indefensión que se prohíbe en la Const art. 24.1 no nace de la sola y simple infracción (TS 24-11-86). La indefensión con relevancia jurídico constitucional se produce cuando la vulneración de las normas procesales lleva consigo la privación del derecho a la defensa, con el consiguiente perjuicio real y efectivo para los intereses del afectado (TS 22-7-88). La Constitución no protege en situaciones de simple indefensión formal, sino en supuestos de indefensión material en los que se haya podido razonablemente causar perjuicio al recurrente (TS 29-11-85), sin olvidar que los principios de economía procesal y de seguridad, pues la vuelta atrás de las actuaciones, dada la posición de las partes, daría lugar a una mera repetición de actuaciones sin alteración de los términos del debate.
>
> Por otro lado la supresión de este trámite no es sino un vicio de legalidad ordinaria, no constitucional, centrada en torno al derecho a la tutela judicial efectiva (...) pues no se causa indefensión.
>
> De la misma forma, siguiendo la doctrina del Tribunal Supremo se han decantado los tribunales superiores de justicia sobre las consecuencias jurídicas que puede producir la supresión del trámite de audiencia, considerándolo dentro del carácter instrumental del procedimiento como una irregularidad no invalidante del mismo, siempre que no se pruebe que haya provocado indefensión»

La clave para saber si se ha producido indefensión con la ausencia del trámite de audiencia, es la de la finalidad de la misma, que es salvaguardar la garantía del administrado gerente a la actuación de la administración, razón por la cual, cuando esta garantía, y la expectativa de la misma ofrece, se consigue efectivamente, no es necesario decretar nulidades, si estas solo han de servir para dilatar la resolución de la cuestión de fondo, sin influencia alguna en su sentido (**sentencia del Tribunal Supremo rec. 696/1993, de 13 de marzo de 1997, ECLI:ES:TS:1997:1813**).

Por todo lo anterior, podemos llegar a la conclusión de que en este caso «A» no ha sufrido indefensión por lo que el procedimiento sancionador es válido, ya que formuló alegaciones al acuerdo de incoación, y también lo hizo a la propuesta de resolución, y ha podido valerse de los medios de prueba que consideró oportunos, cosa distinta sería que el juez o jueza considere la prueba fuera innecesaria en virtud de las circunstancias concurrentes del caso.

ANEXO II
FORMULARIOS

Escrito alegando indefensión en el procedimiento administrativo por falta de motivación de informe incorporado al expediente administrativo

AL [ÓRGANO_ADMINISTRATIVO]

Yo, **don/doña** [NOMBRE] , con DNI [NÚMERO] y domicilio, a efectos de notificaciones, en C/[CALLE] , n.º [NÚMERO] de [LUGAR] , actuando en mi propio nombre y derecho,

EXPONGO

En [FECHA] me ha sido notificado el escrito del órgano al que me dirijo por el cual se me concede trámite de audiencia y se me pone de manifiesto el referido expediente, al tiempo que se me concede un plazo de quince días para que pueda alegar y presentar los documentos y justificaciones que estime oportunas en defensa de mis derechos.

Dentro del plazo concedido, al amparo de lo dispuesto en el artículo 76 en relación con el 53 de la Ley 39/2015, de 1 de octubre, del Procedimiento Administrativo Común de las Administraciones Públicas, vengo a formular las siguientes,

ALEGACIONES

PRIMERA.- En el citado expediente administrativo obra informe emitido por [NOMBRE] , de fecha de [FECHA] , carente de toda motivación, despachándose el asunto con un sólo párrafo, en el que literalmente se lee lo siguiente: «Vista la documentación del expediente y demás circunstancias concurrentes es de informar desfavorablemente la solicitud de referencia».

Dicho informe, que debiera servir de base para la resolución que se adopte, es insostenible por ignorarse los motivos que fundamentarán la actuación administrativa. Se incurriría así en una falta de los más elementales requisitos que debe contener la elaboración de informe técnico-administrativo. De la propia naturaleza del mismo se infiere que debe ser motivado (a saber: antecedentes de hecho, objeto del informe, consideraciones o fundamentos técnico-jurídicos y conclusiones). Además, dicho «informe», en este caso, podría resultar determinante para la resolución del fondo del procedimiento. En consecuencia, se estaría vulnerando, como ya se ha anticipado, la necesidad de motivación a la que se refiere el apartado 1 del artículo 35 de la Ley 39/2015, de 1 de octubre, del Procedimiento Administrativo Común de las Administraciones Públicas.

SEGUNDA.- Sin perjuicio de lo anterior, no aparece en el expediente de referencia el preceptivo informe de [DESCRIPCIÓN] , exigido por la normativa aplicable.

Por otra parte [DESCRIPCIÓN_ALEGACIONES_PERTINENTES] .

En definitiva, si no se subsanan los defectos señalados antes de que se dicte la correspondiente resolución, se verán afectados mis intereses legítimos como interesado, provocando además mi indefensión por falta de la realización de trámites esenciales en el procedimiento, lo que, en su caso, comportaría su nulidad conforme al artículos 47, apartado 1, letra e) de la Ley 39/2015, de 1 de octubre.

Por lo expuesto,

SOLICITO:

Que admita este escrito de alegaciones y, en su virtud, en garantía de mis derechos, evite que se produzca la indefensión y, en consecuencia, subsane los defectos de forma advertidos en la tramitación del referido procedimiento.

En [LOCALIDAD] , a [DÍA] de [MES] de [AÑO].

Interesado/a.

[FRIMA_INTERESADO/A]

Solicitud de información del estado de la tramitación del expediente sancionador

AL [ÓRGANO]

Yo, **don/doña** [NOMBRE] , con DNI [NÚMERO] y domicilio, a efectos de notificaciones, en C/[CALLE] , n.º [NÚMERO] , de [LUGAR] , actuando en mi propio nombre y derecho,

EXPONGO

Dado que reúno las condiciones del artículo 4 de la Ley 39/2015, de 1 de octubre, para ser considerado interesado en el procedimiento administrativo, comparezco en el procedimiento sancionador número [NÚMERO] , seguido a instancias de [ESPECIFICAR] , en calidad de tal, como consecuencia de [ESPECIFICAR] .

En virtud de lo expuesto y de conformidad con el artículo 53.1.a) de la Ley 39/2015, de 1 de octubre, del Procedimiento Administrativo Común de las Administraciones Públicas,

SOLICITO:

Que previa la admisión del presente escrito, se me tenga por interesado, y se me informe sobre el estado de la tramitación del expediente sancionador mencionado, se me remitan copias de los documentos acusatorios y de descargo, con sus elementos probatorios, y se me facilite la identidad de los funcionarios responsables de la tramitación, a efectos de su posible recusación.

De conformidad con lo dispuesto en el artículo 14.1 de la Ley 39/2015, de 1 de octubre, del Procedimiento Administrativo Común de las Administraciones Públicas, manifiesto que, dada mi condición de persona física, no estoy obligado a relacionarme a través de medios electrónicos con las Administraciones públicas y que ejerzo mi derecho a elegir que las posteriores notificaciones relativas al procedimiento sancionador de referencia no sean practicadas a través de medios electrónicos y me sean dirigidas por escrito a la dirección que encabeza la misma.

En [LOCALIDAD] , a [DÍA] de [MES] de [AÑO].

Interesado/a.

[FRIMA_INTERESADO/A]

Escrito para la solicitud de medidas provisionales previamente a la iniciación del procedimiento administrativo (medidas provisionalísimas)

AL [ÓRGANO ADMINISTRATIVO COMPETENTE PARA INICIAR O INSTRUIR EL PROCEDIMIENTO]

Don/Doña [NOMBRE PROCURADOR] , procurador/a de los tribunales, actuando en nombre y representación de **don/doña** [NOMBRE REPRESENTADO] , mayor de edad, con DNI [DNI] con domicilio a efectos de notificaciones en [DIRECCIÓN] , cuya representación acredito por medio de escritura pública de poder y cuya copia acompaño para su unión al expediente (**documento n.º 1**) mediante testimonio con devolución del original, bajo la asistencia letrada de **don/doña** [NOMBRE_ABOGADO_CLIENTE] , abogado/a del Ilustre Colegio de [LOCALIDAD] , ante [ÓRGANO ADMINISTRATIVO AL QUE SE DIRIGE] comparezco y como mejor proceda en derecho,

DIGO

Por medio del presente escrito, al amparo de la representación que ostento conforme a lo previsto por el artículo 5 de la LPAC, vengo a presentar este escrito por el que se solicita la adopción de la medida provisional consistente en [ESPECIFICAR] (1), de manera previa al inicio del procedimiento administrativo, al amparo de lo dispuesto en el artículo 56, apartado 2, de la Ley 39/2015, de 1 de octubre, del Procedimiento Administrativo Común de las Administraciones Públicas (LPAC), todo ello con base en los siguientes,

HECHOS

PRIMERO.- Atendiendo a las circunstancias concurrentes actualmente, existen fundadas razones que aconsejan la adopción de medidas provisionales que se solicitan de manera previa al inicio del procedimiento administrativo. La razón es que, de no adoptarse, mis derechos e intereses legítimos que se discuten en el procedimiento pueden verse dañados de forma irreparable por las siguientes razones: [ESPECIFICAR] .

Para fundamentar las siguientes razones se adjuntan los siguientes documentos [DOCUMENTOS] .

SEGUNDO.- Con la adopción de la medida provisional que se solicita, la cual resulta necesaria y proporcionada a los hechos, se cumple con lo dispuesto en el artículo 56, apartado 4, de la LPAC puesto que con ello no se causan perjuicios de difícil o imposible reparación al resto de interesados en el procedimiento ni implica una violación de derechos amparados por las leyes.

A los hechos anteriores resultan de aplicación los siguientes,

FUNDAMENTOS DE DERECHO

PRIMERO.- COMPETENCIA

Resulta competente para resolver sobre la adopción de medidas provisionales el órgano administrativo al que dirijo este escrito puesto que según lo establecido en el artículo 56 de la LPAC, la adopción de medidas cautelares que sean necesarias y proporcionadas corresponde al órgano competente para iniciar o instruir el procedimiento que en este caso es [ESPECIFICAR] porque [ESPECIFICAR] .

Hay que precisar que no resulta competente el órgano para resolver, sino el que sea competente para iniciar o instruir el procedimiento, tal y como se refleja en la **STS n.º 892/2020, de 29 de junio, ECLI:ES:TS:2020:1987:**

> «(...) ninguno de los preceptos incluidos en este Capítulo concreta cuál debe ser el órgano competente para el inicio de los procedimientos, como tampoco precisa cuál tiene la competencia para resolverlo, pero de la regulación contenida en ellos sí se deduce de manera inequívoca que el legislador parte del hecho de que uno y otro órgano no tienen por qué ser el mismo.
>
> Así, mientras que en varios preceptos se alude al "órgano competente" (artículos 55.1, 58) y en algún otro se emplea la expresión "órgano que tiene atribuida la competencia de iniciación" (artículo 59), refiriéndose en uno y otro caso a los órganos con la función de acordar el inicio del procedimiento, existe en otro artículo una alusión al "órgano administrativo competente para resolver" (artículo 56.1). En este mismo artículo 56, dedicado a la regulación de las medidas provisionales, se atribuyen, de hecho, funciones distintas al órgano competente para iniciar el procedimiento y al competente para resolverlo: el segundo, de acuerdo con el apartado 1, adoptará, una vez iniciado el procedimiento, las medidas provisionales que estime oportunas para asegurar la eficacia de la resolución que pudiera recaer si se dan las circunstancias que el precepto establece; el primero, según el apartado 2 del artículo 56, es quien deberá adoptar las medidas conocidas como "provisionalísimas". es decir, las que son previas al inicio del procedimiento.
>
> Es obvio que el precepto. tal y como ha sido redactado, parte de un supuesto en el que el órgano que acuerda el inicio del procedimiento y el competente para resolverlo no son el mismo y dado que se incluye en la regulación del "procedimiento administrativo común" permite considerar que en la percepción del legislador tales serán, además, la generalidad de los casos».

SEGUNDO.- LEGITIMACIÓN

El artículo 56 de la LPAC también dispone que las medidas provisionales pueden adoptarse de oficio o instancia de parte, por lo que, dada la condición de parte en este procedimiento de mi representado, este se encuentra legitimado para la solicitud de la adopción de las medidas provisionales.

Mi representado es parte en este procedimiento ya que resulta interesado legítimamente en lo que en él se resuelva, en aplicación del artículo 4 de la LPAC.

TERCERO.- FONDO

El artículo 56, apartado 2, de la LPAC autoriza la adopción de las medidas provisionalísimas al disponer que:

> «2. Antes de la iniciación del procedimiento administrativo, el órgano competente para iniciar o instruir el procedimiento, de oficio o a instancia de parte, en los casos de urgencia inaplazable y para la protección provisional de los intereses implicados, podrá adoptar de forma motivada las medidas provisio-

nales que resulten necesarias y proporcionadas. Las medidas provisionales deberán ser confirmadas, modificadas o levantadas en el acuerdo de iniciación del procedimiento, que deberá efectuarse dentro de los quince días siguientes a su adopción, el cual podrá ser objeto del recurso que proceda.

En todo caso, dichas medidas quedarán sin efecto si no se inicia el procedimiento en dicho plazo o cuando el acuerdo de iniciación no contenga un pronunciamiento expreso acerca de las mismas».

La **STS, rec. 77/2004, de 14 de noviembre de 2007, ECLI:ES:TS:2007:7850** establece respecto del concepto de medidas provisionales, lo siguiente:

«Constituyen, por tanto, **acciones provisionales que se adoptan para proteger el interés general, ordinariamente en el seno de un procedimiento, pero también con carácter previo a su instrucción cuando hay razones de urgencia.** Se trata de evitar que mientras se instruye y termina un procedimiento puedan mantenerse situaciones que mermen o eliminen la eficacia real de la decisión o resolución que finalmente fuere adoptada».

Por todo lo expuesto anteriormente,

SOLICITO A [ÓRGANO ADMINISTRATIVO COMPETENTE PARA INICIAR O INSTRUIR EL PROCEDIMIENTO] :

Que tenga por presentado este escrito, junto a los documentos que lo acompañan, lo admita a trámite y acuerde adoptar la medida provisional consistente en [ESPECIFICAR] para asegurar la eficacia de la resolución definitiva que pudiera recaer en el procedimiento instado.

En [LOCALIDAD] , a [DÍA] de [MES] de [AÑO].

Ldo.   Proc.

[NOMBRE_ABOGADO_CLIENTE]   [NOMBRE_PROCURADOR_CLIENTE]

---

(1) El artículo 56, apartado 3 de la LPAC realiza una enumeración acerca de las medidas cautelares que pueden adoptarse, pero la misma no es taxativa, pudiendo completarse con el contenido de diversas leyes sectoriales siempre y cuando esas medias no generen perjuicios de difícil o imposible reparación o impliquen violación de derechos.

Solicitud de adopción de medidas cautelares iniciado el procedimiento

AL [ÓRGANO COMPETENTE]

Don/Doña [NOMBRE] , mayor de edad, con DNI n.º [DNI] , con domicilio a efectos de notificaciones en [DOMICILIO] , del municipio de [CIUDAD] , provincia de [PROVINCIA] , como mejor proceda en derecho,

DIGO

Como interesado en el expediente que bajo el número [NÚMERO] se tramita en el Servicio de [DESCRIPCIÓN] de esa Administración, sobre el procedimiento de [DESCRIPCIÓN] relativo a [DESCRIPCIÓN] , vengo a solicitar al amparo del artículo 56.1 de la Ley 39/2015, de 1 de octubre, del Procedimiento Administrativo Común de las Administraciones Públicas, la adopción de **MEDIDAS PROVISIONALES** para asegurar la eficacia de la resolución administrativa que pudiera dictarse. Ello sobre la base de los siguientes,

ANTECEDENTES DE HECHO

PRIMERO.- [ESPECIFICAR_MOTIVOS] .

SEGUNDO.- A esta solicitud se acompañan los siguientes documentos:

1. [DOCUMENTO]

2. [DOCUMENTO]

3. [DOCUMENTO]

A los anteriores hechos les resulta de aplicación la siguiente,

FUNDAMENTACIÓN JURÍDICA

PRIMERA.- El artículo 56.1 de la Ley 39/2015, de 1 de octubre, del Procedimiento Administrativo Común de las Administraciones Públicas, establece:

> «1. Iniciado el procedimiento, el órgano administrativo competente para resolver, podrá adoptar, de oficio o a instancia de parte y de forma motivada, las medidas provisionales que estime oportunas para asegurar la eficacia de la resolución que pudiera recaer, si existiesen elementos de juicio suficientes para ello, de acuerdo con los principios de proporcionalidad, efectividad y menor onerosidad».

La finalidad perseguida por la ley con la adopción de medidas cautelares o provisionales no es otra que la de evitar que antes de que se dicte una determinada resolución administrativa se produzca un estado de cosas tal que frustre, con lesión de los derechos de alguna de las partes concernidas, la efectividad de la resolución final que pudiera dictarse.

En el presente caso, existen fundadas razones que aconsejan la necesidad de adoptar medidas provisionales de aseguramiento en el seno del procedimiento administrativo ya iniciado. Estas derivan de la entidad de los perjuicios que se ocasionarían para el interés público del proceso por la pérdida o desaparición de su objeto y finalidad, así como de los daños inmediatos que se producirían en los derechos e intereses legítimos de esta parte, de no acordarse la adopción de tales medidas cautelares.

La finalidad es que, de manera provisional (en tanto no concluya el procedimiento), se asegure la viabilidad de la ejecución de la resolución definitiva que en el correspondiente procedimiento se dicte conforme a derecho. Todo ello ponderando las circunstancias concurrentes al caso y resolviendo el conflicto planteado con proporcionalidad y sentido común. Su valoración determina la conveniencia, fundada en el interés público tutelado, de acceder a las medidas cautelares solicitadas para garantizar la efectividad de la resolución administrativa que, en su caso, se adopte.

SEGUNDA.- Además, con la adopción de las medidas provisionales, cautelares o de aseguramiento, solicitadas no se causan perjuicios de difícil o imposible reparación a los derechos subjetivos de terceros interesados ni implican violación de derechos amparados por las leyes. En todo caso, las medidas que eventualmente pudieran adoptarse durante el curso del procedimiento podrán alzarse o modificarse en función de la variación de las circunstancias que han determinado su adopción, y automáticamente se extinguirán con la resolución administrativa que ponga fin al procedimiento.

De acuerdo con todo lo anterior,

SOLICITO:

Que admita los presentes escritos y previos los trámites oportunos, en particular previa audiencia a los posibles interesados, acuerde, para asegurar la eficacia de la resolución definitiva que pudiera recaer en el procedimiento, adoptar las medidas provisionales:

[ESPECIFICAR](1)

En [LOCALIDAD] , a [DÍA] de [MES] de [AÑO].

El solicitante

Interesado/a.

[FRIMA_INTERESADO/A]

---

(1) Concretar la medida provisional que se solicita conforme al art. 56.3 de la LPAC que establece que podrán acordarse las siguientes medidas:
«a) Suspensión temporal de actividades.
b) Prestación de fianzas.
c) Retirada o intervención de bienes productivos o suspensión temporal de servicios por razones de sanidad, higiene o seguridad, el cierre temporal del establecimiento por estas u otras causas previstas en la normativa reguladora aplicable.
d) Embargo preventivo de bienes, rentas y cosas fungibles computables en metálico por aplicación de precios ciertos.
e) El depósito, retención o inmovilización de cosa mueble.
f) La intervención y depósito de ingresos obtenidos mediante una actividad que se considere ilícita y cuya prohibición o cesación se pretenda.

g) Consignación o constitución de depósito de las cantidades que se reclamen.

h) La retención de ingresos a cuenta que deban abonar las Administraciones Públicas.

i) Aquellas otras medidas que, para la protección de los derechos de los interesados, prevean expresamente las leyes, o que se estimen necesarias para asegurar la efectividad de la resolución».

Escrito de denuncia solicitando la iniciación de oficio de procedimiento administrativo

AL [ÓRGANO COMPETENTE]

Don/Doña [NOMBRE], mayor de edad, con DNI [NÚMERO] y domicilio en [DOMI-CILIO],

DIGO

Conforme a lo establecido en el artículo 58 de la Ley 39/2015, de 1 de octubre, vengo a **INTERPONER DENUNCIA** en virtud de la cual se inicie de oficio procedimiento administrativo, todo ello conforme a las siguientes,

ALEGACIONES

PRIMERA.- Con fecha [FECHA] don/doña [NOMBRE] ha cometido la irregularidad consistente en [DESCRIPCIÓN] **(1)**. Dicha conducta resulta constitutiva de [INFRAC-CIÓN ADMINISTRATIVA] conforme a lo establecido en [ESPECIFICAR] **(2)**.

SEGUNDA.- La referida irregularidad supone un perjuicio en el patrimonio de esa Administración pública por lo que conforme establece el art. 62.3 de la Ley 39/2015, de 1 de octubre, el acuerdo de no iniciación del procedimiento deberá ser motivado.

SOLICITO:

Que se adopte acuerdo de iniciación de procedimiento administrativo. Dado que en esta denuncia se invoca un perjuicio en el patrimonio de la Administración pública, así mismo, solicito que se me notifique la decisión de si se ha iniciado o no el procedimiento en virtud del derecho que me otorga el artículo 62.3 de la Ley 39/2015, de 1 de octubre.

En [LOCALIDAD], a [DÍA] de [MES] de [AÑO].

Interesado/a.

[FRIMA_INTERESADO/A]

---

(1) Hacer una redacción de los hechos que se denuncian, siendo necesario que la denuncia exprese la identidad de la persona o personas que la presenta y un relato de los hechos según establece el art. 62.2 de la Ley 39/2015, de 1 de octubre.
(2) Concretar la norma que regula la infracción administrativa objeto de la denuncia.

Escrito de iniciación de procedimiento administrativo por negligencia médica

A [ESPECIFICAR ÓRGANO COMPETENTE]

Yo, **don/doña** [NOMBRE_APELLIDOS], mayor de edad, con DNI [NÚMERO], y domicilio a efectos de notificaciones en la C/[CALLE], n.º [NÚMERO], de [LOCALIDAD],

EXPONGO

En virtud de lo previsto en los **artículos 32 y siguientes de la Ley 40/2015, de 1 de octubre, de Régimen Jurídico del Sector Público**, presento **ESCRITO DE INICIACIÓN DE PROCEDIMIENTO ADMINISTRATIVO POR RESPONSABILIDAD PATRIMONIAL DE LAS ADMINISTRACIONES PÚBLICAS**, en base a los siguientes,

HECHOS

PRIMERO.- El día [FECHA] se ha acordado mi ingreso en el centro sanitario público [NOMBRE] con los siguientes síntomas [ESPECIFICAR].

Por el/la médico/a de urgencia, don/doña [NOMBRE] me fue diagnosticado en aquel momento: [ESPECIFICAR].

A efectos acreditativos de las manifestaciones anteriores, se adjunta como **documento n.º** [NÚMERO], parte médico de [FECHA] emitido por [NOMBRE_DEL_CENTRO_HOSPITALARIO].

Como consecuencia de aquel diagnóstico, se ordenó la intervención de urgencia a las [HORAS].

SEGUNDO.- A partir de la intervención efectuada de forma negligente, se me produjeron los siguientes daños: [EXPOSICIÓN_DEL_RELATO_DE _HECHOS_Y_LAS_LESIONES_PRODUCIDAS].

TERCERO.- Se dan los requisitos necesarios para que prospere la responsabilidad patrimonial de la Administración: la actuación en el marco de la sanidad pública (hecho primero); las lesiones (hecho segundo) y la relación de causalidad entre ambas.

La relación de causalidad entre ambas es manifiesta por cuanto la práctica realizada en la intervención quirúrgica no fue adecuada a la *lex artis*, como dispone el dictamen pericial médico que adjuntamos como **documento n.º** [NÚMERO].

CUARTO.- Las secuelas se determinaron en la revisión médica realizada el día [FECHA], por lo que me encuentro dentro del plazo de un año para reclamar legalmente previsto.

FUNDAMENTOS DE DERECHO

PRIMERO.- COMPETENCIA

La competencia para resolver la presente **reclamación de responsabilidad de la Administración**, le corresponde a [ESPECIFICAR] (1) en virtud de lo dispuesto en el **artículo 92 de la Ley 39/2015, de 1 de octubre, del Procedimiento Administrativo Común de las Administraciones Públicas**.

SEGUNDO.- PROCEDIMIENTO

El presente procedimiento deberá sustanciarse por el trámite previsto en el **artículo 67 de la Ley 39/2015, de 1 de octubre, del Procedimiento Administrativo Común de las Administraciones.**

TERCERO.- RESPONSABILIDAD PATRIMONIAL

El **artículo 106 de la Constitución** reconoce el derecho de los particulares a ser indemnizados de toda lesión que sufran en cualquiera de sus bienes o derechos, siempre que sea consecuencia del funcionamiento normal o anormal de un servicio público. Este derecho constitucionalmente reconocido se regula actualmente en el **artículo 32 de la Ley 40/2015, de 1 de octubre, de Régimen Jurídico del Sector Público** y exige, para su efectividad, la concurrencia de los siguientes requisitos:

a) La existencia de un daño efectivo, evaluable económicamente e individualizado en relación a una persona o grupo de personas.

b) El daño ha de ser antijurídico, en el sentido de que la persona que lo sufre no tenga el deber jurídico de soportarlo de acuerdo con la ley.

c) La relación de causalidad entre la actividad administrativa y el resultado dañoso. En definitiva, el daño debe ser consecuencia del funcionamiento normal o anormal de un servicio público o actividad administrativa.

d) Ausencia de fuerza mayor, como causa extraña a la organización y distinta del caso fortuito, supuesto este que sí impone la obligación de indemnizar.

Es decir, la viabilidad de la acción de responsabilidad patrimonial de la Administración requiere, tal y como dispone el Tribunal Supremo en su **sentencia del Tribunal Supremo, rec. 120/2007, de 3 de mayo de 2011, ECLI:ES:TS:2011:2587** o **sentencia del Tribunal Supremo n.º 1177/2016, de 25 de mayo, ECLI:ES:TS:2016:2289**:

a) La efectiva realidad del daño o perjuicio, evaluable económicamente e individualizado en relación a una persona o grupo de personas.

b) Que el daño o lesión patrimonial sufrida por el reclamante sea consecuencia del funcionamiento normal o anormal —es indiferente la calificación— de los servicios públicos en una relación directa e inmediata y exclusiva de causa a efecto, sin intervención de elementos extraños que pudieran influir, alterando, el nexo causal.

c) Ausencia de fuerza mayor.

d) Que el reclamante no tenga el deber jurídico de soportar el daño cabalmente causado por su propia conducta.

CUARTO.- EVALUACIÓN ECONÓMICA DE LA RESPONSABILIDAD PATRIMONIAL DERIVADA DE LOS PERJUICIOS SUFRIDOS POR EL SUSCRIBIENTE

En relación con los daños y perjuicios alegados, estos resultan efectivos, evaluables económicamente e individualizados con relación a mi persona de acuerdo con dictamen médico de valoración del daño corporal adjunto a la presente en el hecho tercero como **documento n.º** [NÚMERO], por lo que el alcance económico de la responsabilidad patrimonial del [ESPECIFICAR_ÓRGANO] se fija en la suma de [CUANTÍA] euros de indemnización según los siguientes conceptos: [ESPECIFICAR].

Por todo lo anterior,

SOLICITO:

Que habiendo presentado este escrito de **SOLICITUD DE INICIO DE PROCEDIMIENTO ADMINISTRATIVO POR RESPONSABILIDAD PATRIMONIAL DE LAS ADMINISTRACIONES PÚBLICAS**, con los documentos que se acompañan, proceda a admitirlo y, tras los trámites legales oportunos, se dicte resolución por la que se reconozca la responsabilidad en la que ha incurrido la sanidad pública por los daños producidos a **don/doña** [SOLICITANTE], y que han quedado expuestos en el presente escrito, indemnizando a esta parte con la suma de [IMPORTE] euros, incrementado en los intereses legales devengados desde la presente reclamación hasta su completo pago.

En [LUGAR], a [DÍA] de [MES] de [AÑO].

Interesado/a.

[FRIMA_INTERESADO/A]

---

(1) Para la determinación del órgano competente, de conformidad con lo dispuesto en el artículo 92 de la Ley 39/2015, de 1 de octubre, debe distinguirse el ámbito territorial:

a) «En el ámbito de la Administración General del Estado, los procedimientos de responsabilidad patrimonial se resolverán por el Ministro respectivo o por el Consejo de Ministros en los casos del artículo 32.3 de la Ley de Régimen Jurídico del Sector Público o cuando una ley así lo disponga.

b) En el ámbito autonómico y local, los procedimientos de responsabilidad patrimonial se resolverán por los órganos correspondientes de las Comunidades Autónomas o de las Entidades que integran la Administración Local.

c) En el caso de las Entidades de Derecho Público, las normas que determinen su régimen jurídico podrán establecer los órganos a quien corresponde la resolución de los procedimientos de responsabilidad patrimonial. En su defecto, se aplicarán las normas previstas en este artículo».

Escrito subsanando los términos de la solicitud de iniciación de responsabilidad patrimonial

N.º EXPEDIENTE [EXPEDIENTE]

AL [ÓRGANO]

Don/Doña [NOMBRE_INTERESADO], con DNI [DNI_INTERESADO], con domicilio a efectos de notificaciones en [DOMICILIO_INTERESADO] ante el [ÓRGANO], comparezco y, como mejor proceda en derecho,

DIGO

PRIMERO.- En [FECHA] me ha sido notificada resolución de [FECHA] por la que se acuerda requerirme al objeto de que en el plazo máximo de [ESPECIFICAR] proceda a subsanar los defectos (1) apreciados en la solicitud de iniciación de procedimiento de responsabilidad patrimonial (2) presentada el [FECHA] y que ha dado lugar a la tramitación del expediente administrativo al margen referenciado.

SEGUNDO.- A fin de atender el requerimiento efectuado, y dentro del plazo concedido al efecto, vengo a adjuntar al presente escrito la siguiente documentación:

[ESPECIFICAR]

Por lo expuesto,

SOLICITO:

Que teniendo por presentado este escrito y los documentos que se acompañan, se sirva admitirlos y en virtud de lo expuesto, tenga por atendido el requerimiento efectuado y por subsanada/mejorada la solicitud iniciadora del presente procedimiento, continuando el mismo por sus trámites, dictándose en su día resolución por la que se acuerde estimar la solicitud de reclamación patrimonial con los efectos legales inherentes a tal declaración.

En [LOCALIDAD], a [FECHA].

Interesado/a.

[FRIMA_INTERESADO/A]

---

(1) O —en su caso— «a la modificación o mejora voluntarias de la solicitud» (art. 68.3 de la LPAC).
(2) La solicitud de iniciación de procedimiento de responsabilidad patrimonial debe cumplir además de lo previsto en el artículo 66 de la LPAC, los requisitos señalados en el art. 67.2 de la LPAC.

Escrito de alegaciones anteriores al trámite de audiencia en un procedimiento administrativo

S/Ref.: Expediente n.º: [NÚMERO]

Asunto: [NOMBRE]

Procedimiento: [DESCRIPCIÓN]

AL [ÓRGANO]

Yo, **don/doña** [NOMBRE], con DNI [NÚMERO] y domicilio, a efectos de notificaciones, en C/[CALLE], n.º [NÚMERO] de [LUGAR], actuando en mi propio nombre y derecho,

EXPONGO

Mediante el presente escrito vengo a **FORMULAR ALEGACIONES EN EL PROCEDIMIENTO relativo a** [DESCRIPCIÓN], que se tramita en [ESPECIFICAR], bajo el número de expediente [NÚMERO], en el ejercicio de la facultad reconocida en el artículo 76.1 de la Ley 39/2015, de 1 de octubre, del Procedimiento Administrativo Común de las Administraciones Públicas, en base a los siguientes,

MOTIVOS

A) RESPECTO DE LAS CUESTIONES DE HECHO:

1.- [DESCRIPCIÓN].

2.- [DESCRIPCIÓN].

3.- [DESCRIPCIÓN].

4.- [DESCRIPCIÓN].

B) EN CUANTO A LAS CUESTIONES DE DERECHO:

I.- Según el artículo 76.1 de la Ley 39/2015, de 1 de octubre, del Procedimiento Administrativo Común de las Administraciones Públicas, durante la tramitación del procedimiento no rige el principio de preclusión para que los interesados formulen o aduzcan alegaciones en cualquier momento anterior al trámite de audiencia. El objeto de esta previsión legal es introducir en el procedimiento elementos fácticos o jurídicos que sirvan para fundamentar la resolución definitiva, alegaciones estas que deben tenerse necesariamente en cuenta por el órgano competente al redactar la propuesta de resolución. Ello significa que en el caso de que se denieguen las mismas la resolución que se adopte deberá razonar los motivos por los cuales no han sido aceptadas.

II.- Además de dicha norma básica procedimental de carácter general, conviene insistir, en cuanto al fondo del asunto, en los siguientes razonamientos jurídicos específicos:

1.- [DESCRIPCIÓN].

2.- [DESCRIPCIÓN].

3.- [DESCRIPCIÓN].

Por todo lo expuesto y en su atención,

SOLICITO:

I.- Que se admita el presente escrito con las alegaciones que contiene, con el fin de que sean tenidas en cuenta al redactar la propuesta de resolución en el precitado procedimiento.

II.- Que, si la Administración no tuviese por ciertos los hechos alegados, se solicita la apertura de un período de prueba, proponiendo los siguientes medios: [DESCRIPCIÓN].

III.- Que las notificaciones relativas a este procedimiento me sean dirigidas por escrito a la dirección señalada en el encabezamiento y no a través de medios electró-nicos. Ejerzo así, como persona física, mi derecho a elegir el medio de comunicarme con las Administraciones públicas (art. 14.1 de la LPAC).

En [LOCALIDAD], a [DÍA] de [MES] de [AÑO].

Interesado/a.

[FRIMA_INTERESADO/A]

Escrito de alegaciones a los defectos de tramitación de un procedimiento administrativo

S/Ref.: Expediente n.º: [NÚMERO]

Asunto: [NÚMERO]

Procedimiento: [NÚMERO]

AL [ÓRGANO COMPETENTE]

Don/Doña [NOMBRE], mayor de edad, con DNI n.º [NÚMERO], cuyas circunstancias personales constan en el procedimiento incoado sobre [DESCRIPCIÓN], como mejor proceda en derecho,

DIGO

Mediante el presente escrito, vengo a **FORMULAR ALEGACIONES POR DEFECTOS DE TRAMITACIÓN** observados en el procedimiento relativo al expediente que se instruye en el Servicio de [NOMBRE], con el n.º [NÚMERO] sobre el asunto relativo a [DESCRIPCIÓN], en ejercicio de la facultad reconocida en el artículo 76.2 de la Ley 39/2015, de 1 de octubre, del Procedimiento Administrativo Común de las Administraciones Públicas, a la vista de las siguientes,

INFRACCIONES PROCEDIMENTALES (1)

PRIMERA.- [DESCRIPCIÓN]

SEGUNDA.- [DESCRIPCIÓN]

TERCERA.- [DESCRIPCIÓN]

En atención a lo expuesto,

SOLICITO:

Que admita este escrito de alegaciones por defectos en la tramitación del procedimiento de referencia y se adopten las medidas pertinentes para subsanar las infracciones procedimentales enumeradas y expuestas en el cuerpo de este escrito.

OTROSÍ DIGO: Para el caso de que la Administración no tuviese por ciertos los hechos alegados, se solicita la apertura de un período de prueba, proponiendo los siguientes medios: [DESCRIPCIÓN].

En [LOCALIDAD], a [DÍA] de [MES] de [AÑO].

Interesado/a.

[FRIMA_INTERESADO/A]

---

(1) El art. 76.2 de la LPAC señala: *«En todo momento podrán los interesados alegar los defectos de tramitación y, en especial, los que supongan paralización, infracción de los plazos preceptivamente señalados o la omisión de trámites que pueden ser subsanados antes de la resolución definitiva del asunto. Dichas alegaciones podrán dar lugar, si hubiere razones para ello, a la exigencia de la correspondiente responsabilidad disciplinaria»*.

Escrito de reclamación patrimonial de la Administración por funcionamiento de los servicios públicos: caída en vía pública

AL ALCALDE DE [AYUNTAMIENTO] (1)

Yo, **don/doña** [NOMBRE_APELLIDOS], mayor de edad, con DNI [NÚMERO], y domicilio a efectos de notificaciones en la C/[CALLE], n.º [NÚMERO], de [LOCALIDAD],

EXPONGO

En virtud de lo previsto en los **artículos 32 y siguientes de la Ley 40/2015, de 1 de octubre, de Régimen Jurídico del Sector Público**, presento RECLAMACIÓN ADMINISTRATIVA POR RESPONSABILIDAD PATRIMONIAL DE LAS ADMINISTRACIONES PÚBLICAS, en base a los siguientes:

ANTECEDENTES DE HECHO

PRIMERO.- El motivo de mi reclamación se encuentra en el hecho de que el [FECHA], mientras paseaba por [NOMBRE_CALLE], sufrí una caída debido a [DESCRIPCIÓN_MOTIVO] (2).

A modo de prueba se adjuntan como **documento n.º** [NÚMERO], fotografías de la calle (3).

SEGUNDO.- Del hecho anterior, esto es, de mi caída, fue testigo presencial don/doña [NOMBRE_APELLIDOS], con DNI [NÚMERO], y domicilio en la C/[CALLE], n.º [NÚMERO], de [LOCALIDAD], que en ese momento se encontraba en la zona (4).

TERCERO.- Después de llamar a una ambulancia, fui asistido por el Servicio de Urgencia del Hospital [NOMBRE], presentando las siguientes lesiones:

- [DESCRIPCIÓN]
- [DESCRIPCIÓN]
- [DESCRIPCIÓN]

Se acompaña como **documento n.º** [NÚMERO], copia del informe de alta de urgencias (5).

Desde el día [FECHA], hizo seguimiento de las lesiones antes señaladas el/la doctor/a [NOMBRE], emitiendo informe de alta definitiva en [FECHA], tal y como se puede comprobar en los **documentos n.º** [NÚMERO] y **n.º** [NÚMERO] que se adjuntan.

CUARTO.- De todo lo anterior resulta que, a consecuencia de la caída, sufrí unos daños consistentes en [DESCRIPCIÓN], de los que tardé en curar [NÚMERO] días. De acuerdo con el baremo de valoración de lesiones y secuelas en accidentes de circulación vigente a la fecha, entiendo que la indemnización ascendería a un total de [CANTIDAD] euros.

QUINTO.- En cuanto a la relación de causalidad entre las lesiones producidas y el funcionamiento del servicio público, cabe decir que, siendo el [ESPECIFICAR ÓRGANO COMPETENTE] el titular de la vía donde se produjo el accidente es a este a quien corresponde, en atención a la legislación sobre [ESPECIFICAR], su mantenimiento y cuidado, así como la eventual señalización del peligro que tal infraestructura pudiese producir por su mal estado de conservación.

SEXTO.- Tomando como base lo señalado en el punto cuarto, la valoración del daño causado a mi persona es la siguiente: [NÚMERO] EUROS.

A los hechos anteriores resultan de aplicación los siguientes,

FUNDAMENTOS DE DERECHO

El **artículo 106.2 de la CE** proclama la responsabilidad patrimonial de la Administración:

> «Los particulares, en los términos establecidos por la ley, tendrán derecho a ser indemnizados por toda lesión que sufran en cualquiera de sus bienes o derechos, salvo en los casos de fuerza mayor, siempre que la lesión sea consecuencia del funcionamiento de los servicios públicos».

Este derecho constitucionalmente reconocido se regula actualmente en el **art. 32 de la Ley 40/2015, de 1 de octubre, de Régimen Jurídico del Sector Público,** de manera que: «**Los particulares tendrán derecho a ser indemnizados por las Administraciones públicas** correspondientes de toda **lesión** que sufran en cualquiera de sus bienes y derechos, siempre que la **lesión sea consecuencia del funcionamiento normal o anormal de los servicios públicos** salvo en los casos de fuerza mayor o de daños que el particular no tenga el deber jurídico de soportar de acuerdo con la Ley»; y exige, para su efectividad, la concurrencia de los siguientes requisitos:

a) La existencia de un daño efectivo, evaluable económicamente e individualizado en relación a una persona o grupo de personas.

b) El daño ha de ser antijurídico, en el sentido de que la persona que lo sufre no tenga el deber jurídico de soportarlo de acuerdo con la ley.

c) La relación de causalidad entre la actividad administrativa y el resultado dañoso. En definitiva, el daño debe ser consecuencia del funcionamiento normal o anormal de un servicio público o actividad administrativa.

d) Ausencia de fuerza mayor, como causa extraña a la organización y distinta del caso fortuito, supuesto éste que sí impone la obligación de indemnizar.

Es decir, la **viabilidad de la acción de responsabilidad patrimonial de la Admi**nistración requiere, tal y como dispone el Tribunal Supremo en su **sentencia, rec. 120/2007, de 3 de mayo de 2011, ECLI: ES:TS:2011:2587** o sentencia del **Tribunal Supremo n.º 1177/2016, de 25 de mayo, ECLI:ES:TS:2016:2289**:

a) La efectiva realidad del daño o perjuicio, evaluable económicamente e individualizado en relación a una persona o grupo de personas.

b) Que el daño o lesión patrimonial sufrida por el reclamante sea consecuencia del funcionamiento normal o anormal –es indiferente la calificación– de los servicios públicos en una relación directa e inmediata y exclusiva de causa a efecto, sin intervención de elementos extraños que pudieran influir, alterando, el nexo causal.

c) Ausencia de fuerza mayor.

d) Que el reclamante no tenga el deber jurídico de soportar el daño cabalmente causado por su propia conducta.

En lo referente a la **relación de causalidad, el Tribunal Supremo en su sentencia, rec. 1985/1994, de 19 de junio de 1998, ECLI:ES:TS:1998:4087**, se ha pronunciado del siguiente modo:

«a) Que entre las diversas concepciones con arreglo a las cuales la causalidad puede concebirse, se imponen aquellas que explican el daño por la concurrencia objetiva de factores cuya inexistencia, en hipótesis, hubiera evitado aquél.

b) No son admisibles, en consecuencia, otras perspectivas tendentes a asociar el nexo de causalidad con el factor eficiente, preponderante, socialmente adecuado o exclusivo para producir el resultado dañoso, puesto que —válidas como son en otros terrenos— irían en éste en contra del carácter objetivo de la responsabilidad patrimonial de las Administraciones Públicas.

c) La consideración de hechos que puedan determinar la ruptura del nexo de causalidad, a su vez, debe reservarse para aquéllos que comportan fuerza mayor —única circunstancia admitida por la ley con efecto excluyente—, a los cuales importa añadir la intencionalidad de la víctima en la producción o el padecimiento del daño, o la gravísima negligencia de ésta, siempre que estas circunstancias hayan sido determinantes de la existencia de la lesión y de la consiguiente obligación de soportarla.

d) Finalmente, el carácter objetivo de la responsabilidad impone la prueba de la concurrencia de acontecimientos de fuerza mayor o circunstancias demostrativas de la existencia de dolo o negligencia de la víctima, suficiente para considerar roto el nexo de causalidad, pues no sería objetiva aquélla responsabilidad que exigiese demostrar que la Administración que causó el daño procedió con negligencia, ni aquella cuyo reconocimiento estuviera condicionado a probar que quien padeció el perjuicio actuó con prudencia».

Asimismo, debe ser una causalidad adecuada. En este sentido, traemos a colación, **la sentencia del Tribunal Supremo, rec. 100/1993, de 5 de diciembre de 1995, ECLI:ES:TS:1995:6155** dispone lo siguiente:

«(...) Esta **causa adecuada o causa eficiente** exige un presupuesto, una "conditio sine qua non" esto es, un acto o un hecho sin el cual es inconcebible que otro hecho o evento se considere consecuencia o efecto del primero. Ahora bien, esta condición, por sí sola, no basta para definir la causalidad adecuada. Es necesario además que resulte normalmente idónea para determinar aquel evento, o resultado teniendo en consideración todas las circunstancias del caso; esto es, que exista una adecuación objetiva entre acto y evento, lo que se ha llamado la verosimilitud del nexo; solo cuando sea así, dicha condición alcanza la categoría de causa adecuada, causa eficiente o causa próxima y verdadera del daño (in iure non remota causa, sed próxima spectatur). De esta forma quedan excluidos tanto los actos indiferentes como los inadecuados o inidóneos y los absolutamente extraordinarios».

Partiendo de lo anteriormente expuesto, no hay duda alguna de que existe una **relación de causa-efecto entre la actividad administrativa y el resultado dañoso,** puesto que la calle donde se produjo mi **caída es una vía pública que obliga al ayuntamiento, como titular de ese dominio público, a repararla o a impedir el paso por la misma.** A este respecto cabe recordar que es obligación de la Administración el mantener en buen estado de conservación todos los elementos que integran el sistema viario, según el **artículo 25 apartado 2 de la Ley 7/1985, de 2 de abril, Reguladora de las Bases del Régimen Local** (6).

En cuanto a la responsabilidad de la Administración conviene también las siguientes sentencias de nuestro Alto Tribunal:

1. Sentencia del Tribunal Supremo, rec. 1515/2005, de 1 de julio de 2009, ECLI:ES:TS:2009:5042:

«(...) la necesaria concurrencia, para apreciar en sentido positivo la **responsabilidad administrativa** de la antijuricidad del daño, puesto que, en definitiva, y como esta jurisprudencia ha declarado, no todo daño causado por la Administración ha de ser reparado, sino que tendrá la consideración de auténtica lesión resarcible, exclusivamente, aquella que reúna la calificación de antijurídica, en el sentido de que el particular no tenga el deber jurídico de soportar los daños derivados de la actuación administrativa».

2. Sentencia del Tribunal Supremo, rec. 2052/2003, de 25 de septiembre de 2007, ECLI:ES:TS:2007:6042:

«(...) como hemos declarado igualmente en reiteradísimas ocasiones es imprescindible que exista **nexo causal entre el funcionamiento normal o anormal del servicio público y el resultado lesivo o dañoso producido**, cuya concurrencia la Sala de instancia niega en el caso de autos.

Es además jurisprudencia reiteradísima que la apreciación del nexo causal entre la actuación de la Administración y el resultado dañoso producido, o la ruptura del mismo, es una cuestión jurídica revisable en casación, si bien tal apreciación ha de basarse siempre en los hechos declarados probados por la Sala de instancia, salvo que éstos hayan sido correctamente combatidos por haberse infringido normas, jurisprudencia o principios generales del derecho al valorarse las pruebas, o por haberse procedido, al hacer la indicada valoración, de manera ilógica, irracional o arbitraria (...)».

3. Sentencia del Tribunal Supremo, rec. 6998/1995, de 27 de diciembre de 1999, ECLI:ES:TS:1999:8467:

«(...) como en cualquier supuesto de **responsabilidad extracontractual***, ésta tiene la naturaleza de solidaria, de manera que frente al perjudicado cada obligado responde de la totalidad de la deuda, razón por la que el Ayuntamiento demandado habrá de indemnizar íntegramente al demandante en la cantidad que estimemos adecuada para su plena indemnidad».*

En virtud de todo lo expuesto,

SOLICITO:

I.- Que se tenga por presentado este escrito de **RECLAMACIÓN ADMINISTRATIVA**, con los documentos que se señalan y, previos los trámites pertinentes, se dicte resolución por la que se acuerde el reconocimiento de una indemnización de [NÚMERO] euros, por las lesiones causadas a consecuencia de mi caída por la falta de conservación adecuada de la calle.

II.- A efectos de resolver la presente reclamación, que se practiquen las siguientes pruebas:

- TESTIFICAL de: don/doña [NOMBRE], con domicilio en [DOMICILIO] (4).

- DOCUMENTAL, aportada con el presente escrito, consistente en los informes médicos y pruebas médicas acreditativos de la lesión padecida, las imágenes fotográficas aportadas, la declaración de la testigo de la caída.

    – DOCUMENTAL, consistente en el informe del servicio municipal correspondiente al que se viene obligado por lo dispuesto en el artículo 81 del Ley 39/2015, de 1 de octubre, del Procedimiento Administrativo Común de las Administraciones Públicas.

III.- [ESPECIFICAR].

En [LOCALIDAD], a [DÍA] de [MES] de [AÑO].

Interesado/a.

[FRIMA_INTERESADO/A]

---

(1) En materia e infraestructura viaria de la ciudad o población correspondiente, los ayuntamientos tienen competencias propias y responsabilidad en su mantenimiento [art. 25.2.d) de la LBRL]. Al respecto, el artículo 26.1.a) de la LBRL impone a los ayuntamientos la obligación de pavimentar las vías públicas.

Estas mismas competencias y obligaciones son asumidas por las correspondientes consejerías de las ciudades autónomas de Ceuta y Melilla, con arreglo a sus estatutos de autonomía. En estos últimos casos la reclamación se dirigiría a la consejería correspondiente.

(2) Descripción de cómo estaba la calle. Por ejemplo, «por el mal estado de la acera de la calle [CALLE] a la altura de [ESPECIFICAR], que, en ese momento, presentaba una serie de baches y desniveles (...)».

(3) Se adjuntará prueba documental en el formato que disponga para acreditar que el daño sufrido fue originado por (determinar).

(4) En el caso de haber testigos.

(5) Prueba pericial, informe médico...

(6) De ser competente un Ayuntamiento.

Escrito de solicitud de informes en procedimiento de exigencia de responsabilidad patrimonial a las Administraciones públicas

Expediente n.º: [NÚMERO]

Interesados: [NOMBRE_APELLIDOS]

Procedimiento: [NÚMERO]

Asunto: NOTIFICACIÓN

AL DEPARTAMENTO CORRESPONDIENTE (1)

En el procedimiento sobre reclamación de responsabilidad patrimonial de referencia que se sigue en esta Administración, se ha planteado como cuestión básica de la que puede depender el sentido de la resolución que haya de dictarse la siguiente [DESCRIPCIÓN].

Es evidente que para poder evaluar la responsabilidad de esta Administración sobre la presunta lesión indemnizable y formar criterio sobre la misma, resulta necesario que por ese Departamento se emita informe sobre los siguientes extremos:

[ESPECIFICAR]

En su virtud, y de conformidad con lo dispuesto en el artículo 81 de la Ley 39/2015, de 1 de octubre,

SOLICITO:

Que, en el plazo de DIEZ DÍAS, se emita y remita a este órgano, informe al respecto para su unión al expediente en trámite dentro del período probatorio a tal fin abierto.

En [LOCALIDAD], a [DÍA] de [MES] de [AÑO].

Interesado/a.

[FRIMA_INTERESADO/A]

---

(1) El informe debe ser emitido por el servicio cuyo funcionamiento haya ocasionado la presunta lesión indemnizable. Cuando las indemnizaciones reclamadas sean de cuantía igual o superior a 50.000 euros o a la que se establezca en la correspondiente legislación autonómica, será preceptivo solicitar dictamen del Consejo de Estado o, en su caso, del órgano consultivo de la comunidad autónoma. En las reclamaciones en materia de responsabilidad patrimonial del Estado por el funcionamiento anormal de la Administración de Justicia, será preceptivo el informe del Consejo General del Poder Judicial (art. 81 de la LPAC).

Escrito de proposición de prueba en el procedimiento administrativo

Expediente número: [NÚMERO]

Asunto: [NOMBRE]

Procedimiento: [NOMBRE]

AL [INSTRUCTOR DEL PROCEDIMIENTO]

Yo, **don/doña** [NOMBRE], con DNI [NUMERO] y domicilio, a efectos de notificaciones, en C/[CALLE], n.º [NÚMERO] de [LUGAR], actuando en mi propio nombre y derecho,

EXPONGO

Siendo interés de esta parte y considerando que resulta de especial transcendencia para la resolución del procedimiento, vengo a proponer la práctica de las siguientes pruebas:

PRIMERA.- Documental pública: consistente en que por la Administración de [NOMBRE], se expida certificación acreditativa sobre los siguientes documentos que obran en sus archivos:

1. [NOMBRE]

2. [NOMBRE]

3. [NOMBRE]

SEGUNDA.- Documental privada: consistente en reconocimiento legal del documento suscrito entre don/doña [NOMBRE] y don/doña [NOMBRE], que obra en el expediente para que se reconozca su validez, a cuyo efecto se debe citar a las partes implicadas y para el caso de que no reconozcan sus firmas, se propone el cotejo de letras por perito caligráfico.

TERCERA.- Pericial: consistente en que por un perito experto del Colegio de [CIUDAD], se dictamine sobre la veracidad de los hechos alegados por esta parte, que no han sido reconocidos como ciertos por esa Administración.

CUARTA.- Inspección ocular: consistente en que por el instructor del expediente se examine personalmente la certeza de los hechos alegados objeto de discrepancia, siguientes: [DESCRIPCIÓN].

QUINTA.- Testifical: consistente en la declaración de los testigos de la lista que se acompaña, quienes deberán responder las preguntas del interrogatorio que adjunto a este escrito, así como a las que el instructor del procedimiento y los demás interesados puedan realizarles en el momento de la declaración.

En su virtud,

SOLICITO:

Que admita las pruebas propuestas y acuerde su práctica en el expediente de referencia, según lo establecido en el art. 77 de la LPAC.

En [LOCALIDAD], a [DÍA] de [MES] de [AÑO].

Interesado/a.

[FRIMA_INTERESADO/A]

Escrito del interesado comunicando el pago anticipado de la multa de tráfico y se solicita la finalización del procedimiento

A LA JEFATURA PROVINCIAL DE TRÁFICO DE [AYUNTAMIENTO] **(1)**

Don/Doña [NOMBRE], de nacionalidad [ESPECIFICAR], mayor de edad con DNI [DNI] y domicilio a efectos de notificaciones en [ESPECIFICAR], en su propio nombre y derecho, ante este órgano comparezco y como mejor proceda en derecho,

DIGO

En fecha [FECHA] he recibido la notificación de la denuncia que se me ha impuesto por la realización de una infracción administrativa consistente en [ESPECIFICAR], conducta que resulta prohibida por la legislación que regula la circulación de vehículos a motor y, por lo tanto, de la imposición de una sanción pecuniaria por importe de [CANTIDAD] euros.

Por medio del presente escrito vengo a poner en conocimiento de la jefatura provincial de Tráfico (1) que en fecha [FECHA] he procedido a la realización del pago y correspondiente ingreso de la cantidad de [CANTIDAD] euros, que se me ha impuesto como sanción, haciéndolo conforme a la forma determinada reglamentariamente, con el impreso oficial correspondiente. A efectos probatorios de dicho pago se adjunta el documento acreditativo del mismo.

Por todo lo expuesto anteriormente y, en virtud de lo dispuesto en el artículo 85, apartado 2 de la Ley 39/2015, de 1 de octubre,

SOLICITO:

Que, teniendo por presentado este escrito, así como los documentos que lo acompañan, se sirva admitirlo a trámite y acuerde la finalización del procedimiento sancionador, sin perjuicio de que por mi parte se puedan interponer, en caso de que lo considere oportuno, los recursos contencioso-administrativos procedentes.

En [LOCALIDAD], a [DÍA] de [MES] de [AÑO].

Interesado/a.

[FRIMA_INTERESADO/A]

---

(1) O a la alcaldía, si así corresponde en el caso concreto en virtud de lo dispuesto en el artículo 84 del Real Decreto Legislativo 6/2015, de 30 de octubre, por el que se aprueba el texto refundido de la Ley sobre Tráfico, Circulación de Vehículos a Motor y Seguridad Vial ya que este otorga la competencia del régimen sancionador a los alcaldes o a los jefes provinciales de Tráfico, según corresponda.

Escrito de desistimiento de solicitud y renuncia de derechos derivados de un procedimiento administrativo

AL [ÓRGANO]

Don/Doña [NOMBRE], [APELLIDO], con DNI [NÚMERO], y domicilio a efectos de notificaciones en [CIUDAD], [LOCALIDAD], [CALLE], [NÚMERO], [CÓDIGO_POSTAL],

EXPONE

PRIMERO.- Mediante escrito de fecha [FECHA] ha solicitado de ese órgano [ES-PECIFICAR].

SEGUNDO.- Ha decidido desistir de la solicitud antes referida y, en consecuencia, renunciar a los derechos que se pudiesen derivar de la misma, haciendo uso de la facultad que le otorga el artículo 94 de la Ley 39/2015, de 1 de octubre, reguladora del Procedimiento Administrativo Común de las Administraciones Públicas.

Por cuanto se entiende que dicha renuncia no está prohibida por el ordenamiento jurídico, esta parte,

SOLICITA:

Que se acepte el desistimiento de la solitud de [ESPECIFICAR] y la renuncia a los derechos que le pudiesen corresponder en atención a la misma y, previos los trámites que sean necesarios, declare concluso el procedimiento iniciado y ordene el archivo de las actuaciones hasta ahora sustanciadas.

En [LOCALIDAD], a [DÍA], de [MES], [AÑO].

Interesado/a.

[FRIMA_INTERESADO/A]

Solicitud de terceros interesados en la continuación del procedimiento administrativo en caso de desistimiento del solicitante

S/Ref.: [NÚMERO]

Procedimiento: [NÚMERO]

AL [ÓRGANO COMPETENTE]

Don/Doña [NOMBRE], cuyas circunstancias personales constan en el procedimiento incoado a instancia de **don/doña** [NOMBRE], sobre [DESCRIPCIÓN], comparezco y como mejor procede en derecho,

DIGO

Con fecha de [DÍA] de [MES] de [AÑO], como interesado/a personado/a en el procedimiento, me ha sido notificado el acuerdo del día [DÍA] de [MFS] de [AÑO], por el que se me da traslado del escrito de don/doña [NOMBRE], en el que desiste de su solicitud.

Dentro del plazo concedido de **DIEZ** días, y de conformidad con lo previsto en el artículo 94.4 de la Ley 39/2015, de 1 de octubre, del Procedimiento Administrativo Común de las Administraciones Públicas, vengo a instar su continuación, teniendo en cuenta las consideraciones siguientes:

- DESCRIPCIÓN].
- [DESCRIPCIÓN].

Estas razones son las que conducen a limitar los efectos del desistimiento formulado y a la prosecución de la tramitación del procedimiento.

En mérito de lo expuesto,

SOLICITO:

Que admita el presente escrito y, sin perjuicio del desistimiento formulado por don/doña [NOMBRE], continúe la sustanciación del procedimiento hasta su normal terminación.

En [LOCALIDAD] a [DÍA] de [MES] de [AÑO].

Interesado/a.

[FRIMA_INTERESADO/A]

Solicitud de tramitación simplificada de procedimiento de responsabilidad patrimonial de la Administración

N.º EXPEDIENTE [EXPEDIENTE]

AL [ÓRGANO_ADMINISTRATIVO]

Don/Doña [NOMBRE_APELLIDOS], con DNI número [DNI], cuyos demás datos de identidad ya obran en el expediente de referencia, comparezco y, como mejor proceda en derecho,

DIGO

Por medio del presente escrito, y al amparo de lo dispuesto en el artículo 96.3 de la Ley 39/2015, de 1 de octubre, del Procedimiento Administrativo Común de las Administraciones Públicas, vengo a solicitar se dicte resolución en virtud de la cual se declare la tramitación simplificada del procedimiento de responsabilidad patrimonial arriba referenciado, en base a los siguientes,

MOTIVOS

PRIMERO.- Atendiendo a la documentación acompañada con la solicitud que ha dado lugar a la tramitación del expediente, resulta indubitada la existencia de una relación de causalidad entre el funcionamiento del servicio público y la lesión o daño producidos. Conforme queda acreditado en los **documentos n.º** [NÚMERO] y n.º [NÚMERO] (1).

SEGUNDO.- Con posterioridad al inicio del procedimiento se han aportado al expediente documentos [ESPECIFICAR] (2) que acreditan de forma objetiva la valoración de los daños causados (3).

Por lo expuesto,

SOLICITO:

Que teniendo presentado este escrito, se sirva admitirlo y al amparo de lo dispuesto en el artículo 96.4 de la Ley 39/2015, de 1 de octubre, se dicte resolución en virtud de la cual se acuerde la tramitación simplificada del procedimiento al margen referenciado, con los efectos legales inherentes a tal declaración.

En [LOCALIDAD], a [FECHA].

Interesado/a.

[FRIMA_INTERESADO/A]

---

(1) Consignar los documentos que acreditan la relación de causalidad (atestados, testigos, grabaciones, acta notarial...).

(2) Documento acreditativo fehaciente de los daños y gastos ocasionados.

(3) En el caso de existir daños corporales, será necesario que —en el momento de solicitar la tramitación simplificada— se haya producido el alta y la total estabilización de las posibles secuelas. En este caso deberán de haberse aportado los partes de alta y de baja para considerar objetivada la cuantía de la indemnización correspondiente por el periodo de baja. Con respecto a posibles secuelas, será necesario acompañar un informe que determine las mismas, si bien la indemnización por este concepto puede resultar cuestionada por la Administración y por tanto no concurrirá uno de los requisitos exigidos en la Ley 39/2015, de 1 de octubre, para que sea posible acordar la tramitación simplificada del procedimiento de responsabilidad patrimonial.

Solicitud de tramitación ordinaria de procedimiento administrativo por la necesidad de realización de trámites adicionales

AL [ÓRGANO]

Don/Doña [NOMBRE], con DNI [DNI], y con domicilio a efectos de notificaciones en [DOMICILIO], actuando en su propio nombre y derecho, y en relación al procedimiento administrativo n.º [NÚMERO], en el que soy parte interesada, en aplicación de lo dispuesto en el artículo 4 de la Ley 39/2015, de 1 de octubre, del Procedimiento Administrativo Común de las Administraciones Públicas (LPAC),

DIGO

Vengo a interponer, en tiempo y forma, escrito de **solicitud de reanudación inmediata de tramitación ordinaria del procedimiento** puesto que según el artículo 96, apartado 7 de la LPAC: «En el caso que un procedimiento exigiera la realización de un trámite no previsto en el apartado anterior, deberá ser tramitado de manera ordinaria». Ello con base en los siguientes,

HECHOS

PRIMERO.- Con fecha se incoó el procedimiento administrativo n.º [NÚMERO] por parte de [ESPECIFICAR].

SEGUNDO.- En aplicación de lo dispuesto en el artículo 96 de la LPAC, en fecha [FECHA] se dictó acuerdo de tramitación simplificada del procedimiento referenciado con base en que la falta de complejidad del mismo lo aconsejaba (1).

TERCERO.- En fecha [FECHA], [ÓRGANO COMPETENTE PARA LA INSTRUCCIÓN] ha propuesto la realización de determinadas pruebas adicionales a los efectos de confirmar determinados hechos relevantes para la tramitación del procedimiento.

Por todo lo expuesto anteriormente,

SOLICITO A [ÓRGANO]:

Que tenga por presentado este escrito, así como los documentos que lo acompañan, lo admita a trámite y acuerde de manera inmediata la tramitación ordinaria o convencional del procedimiento.

En [LOCALIDAD], a [DÍA] de [MES] de [AÑO].

Interesado/a.

[FRIMA_INTERESADO/A]

---

(1) O, en su caso, razones de interés público.

Escrito de oposición al acuerdo de tramitación simplificada de procedimiento administrativo

N.º EXPEDIENTE [EXPEDIENTE]

AL [ÓRGANO]

Don/Doña [NOMBRE_INTERESADO], con DNI [DNI_INTERESADO], cuyos demás datos de identidad ya obran en el expediente de referencia, comparezco y, como mejor proceda en derecho,

DIGO

PRIMERO.- El [FECHA] me ha sido notificada resolución de [FECHA] en virtud de la cual la Administración a la que me dirijo acuerda de oficio proceder a continuar la tramitación del procedimiento administrativo de referencia de forma simplificada.

SEGUNDO.- Por medio del presente escrito, vengo a manifestar expresamente mi oposición a la decisión adoptada por el órgano competente para tramitar el procedimiento, toda vez que —además de resultar lesivo para mis intereses— no cabe apreciar la ausencia de complejidad en la tramitación que resulta necesaria a fin de poder adoptar una decisión en tal sentido.

Por lo expuesto,

SOLICITO:

Que teniendo por presentado este escrito, se sirva admitirlo y en virtud de lo expuesto, se dicte resolución acordando dejar sin efecto la resolución de [FECHA] continuándose la tramitación del presente procedimiento por los cauces ordinarios.

En [LOCALIDAD], a [FECHA].

Interesado/a.

[FRIMA_INTERESADO/A]

Escrito al juzgado solicitando autorización judicial de entrada en domicilio para lanzamiento de ocupantes

Expediente número: [NÚMERO]

Interesados: [NOMBRE] y [NOMBRE]

Procedimiento: [NÚMERO]

Asunto: [NOMBRE]

AL JUZGADO DE LO CONTENCIOSO-ADMINISTRATIVO DE [LOCALIDAD]

Don/Doña [NOMBRE], en calidad de [ESPECIFICAR], comparece ante el juzgado de lo contencioso-administrativo que por turno corresponda de los de esta ciudad y, como mejor proceda en derecho,

EXPONE

Por medio del presente escrito formulo solicitud de **AUTORIZACIÓN DE ENTRADA EN DOMICILIO**, para proceder al desahucio administrativo con el lanzamiento y desalojo inmediato de los ocupantes de bienes expropiados, al amparo de lo dispuesto en el artículo 100.3 de la Ley 39/2015, de 1 de octubre, del Procedimiento Administrativo Común de las Administraciones Públicas, en relación con el artículo 8.6 de la Ley 29/1998, de 13 de julio, reguladora de la Jurisdicción Contencioso-administrativa, de conformidad con los siguientes:

HECHOS

PRIMERO.- Por acuerdo definitivo del órgano competente se aprobó definitivamente, en fecha de [DÍA] de [MES] de [AÑO], el Proyecto de Expropiación Forzosa de determinados terrenos ubicados en [LOCALIDAD]. Dicho acuerdo fue notificado personalmente a las personas afectadas y publicado en el correspondiente Diario Oficial (se acompañan como **documentos número** [NÚMERO] y **número** [NÚMERO] copia de la mentada resolución y de su publicación).

SEGUNDO.- Existen determinados bienes inmuebles expropiados que, pese al pago o depósito legalmente consignado del justiprecio acordado, no han sido desocupados voluntariamente dentro del plazo determinado. De este modo se está produciendo una ocupación indebida y sin título bastante sobre bienes de titularidad de esta Administración expropiante.

(Se acompaña certificación acreditativa de las actas de ocupación y pago o depósito consignado y las actas de la policía levantadas que acreditan la negativa del consentimiento de los afectados al desalojo voluntario de los respectivos bienes expropiados, como **documentos números** [NÚMERO] y [NÚMERO]).

TERCERO.- Se indican las fincas expropiadas con sus bienes, derechos y titularidades, sobre las que se solicita autorización judicial para la entrada en domicilio y proceder al lanzamiento de sus ocupantes, por haberse negado los afectados a proceder

PROCEDIMIENTO ADMINISTRATIVO COMÚN

al desalojo de los bienes expropiados, así como la fecha del previo apercibimiento realizado para que desalojaran voluntariamente los bienes objeto de la expropiación aprobada: [DESCRIPCIÓN].

Se acompañan como **documento número** [NÚMERO] los mentados apercibimientos realizados.

A los precedentes hechos le son de aplicación los siguientes:

FUNDAMENTOS DE DERECHO

A) EN CUANTO A LA LEGALIDAD DE LA PREVIA ACTUACIÓN ADMINISTRATIVA

La aprobación definitiva del citado Proyecto de Expropiación Forzosa implica la declaración de utilidad pública de las obras y la necesidad de ocupación de los terrenos y edificios correspondientes, a los fines de expropiación o imposición de servidumbres, que se relacionan en el proyecto expropiatorio. Hasta la fecha no se ha dictado resolución administrativa o judicial alguna que suspenda, anule o modifique lo acordado, por lo que el acto administrativo aprobatorio goza de presunción de legalidad y ejecutividad, de acuerdo con lo establecido en los artículos 38 y 39 de la Ley 39/2015, de 1 de octubre, del Procedimiento Administrativo Común de las Administraciones Públicas.

Así pues, acordada la aprobación definitiva del expediente de expropiación por el procedimiento legalmente establecido, notificada en forma la misma a los afectados, efectuado el pago o depósito del justiprecio acordado y realizado el previo apercibimiento de desalojo a los afectados, procede que esta Administración territorial ocupe las fincas expropiadas, en el ejercicio de sus potestades ejecutivas para realizar las obras y servicios declarados de utilidad pública.

El artículo 54 del Decreto de 26 de abril de 1957 por el que se aprueba el Reglamento de la Ley de Expropiación Forzosa determina que: «Los desahucios y lanzamientos que exija la ocupación de las fincas expropiadas tendrá carácter administrativo». Por ello, estamos ante un procedimiento exclusivamente administrativo y de un marcado carácter sumario, que se encuentra justificado por un previo acto administrativo plenamente válido y eficaz. Llevar a cabo lo acordado en ejecución exige la entrada domiciliaria; y, a tal fin es preciso el auxilio judicial dada la resistencia de los afectados a desalojar voluntariamente los bienes y derechos expropiados.

B) EN CUANTO A LA NECESIDAD DE AUTORIZACIÓN JUDICIAL

Desde la entrada en vigor de nuestra Constitución, el principio de inviolabilidad del domicilio consagrado en su artículo 18, establece que ninguna entrada o registro podrá hacerse en él sin consentimiento del titular o resolución judicial, con la excepción de que nos encontremos ante un flagrante delito. Esta salvaguarda constitucional implica que, para la ejecución de los actos administrativos, entre otros supuestos, es imprescindible obtener la oportuna autorización judicial de entrada en el domicilio del afectado, en defecto de su consentimiento.

En el caso que nos ocupa, se trata de proceder al desahucio administrativo, mediante el lanzamiento por los propios agentes de la Administración, de quienes ocupan sin título bienes expropiados, dentro del respeto debido a la dignidad de las personas afectadas y a sus derechos reconocidos en la Constitución, conforme determina el artículo 100.3 en relación con el 104 de la Ley 39/2015, de 1 de octubre, del Procedimiento Administrativo Común de las Administraciones Públicas.

Conforme dispone el artículo 8.6 de la Ley 29/1998, de 13 de julio, Reguladora de la Jurisdicción Contencioso-Administrativa, los juzgados de lo contencioso-administrativo conocerán de las autorizaciones para la entrada en domicilios y restantes lugares cuyo acceso requiera el consentimiento de su titular, siempre que ello proceda para la ejecución forzosa de actos de la Administración pública, salvo que se trate de la ejecución de medidas de protección de menores acordadas por la entidad pública competente en la materia.

En virtud de lo expuesto, es por lo que,

SUPLICO AL JUZGADO:

Que admita el presente escrito, con los documentos y anexos que adjunto se acompañan y, en su virtud, se sirva dictar resolución judicial por la que se autorice la entrada en los domicilios y fincas contenidas en el cuerpo del presente escrito, para proceder a la ejecución forzosa del acto firme de esta Administración pública y ocupar los bienes inmuebles expropiados, mediante el lanzamiento o desalojo de los ocupantes carentes del título alguno para mantener su posesión sobre bienes de titularidad de esta Administración expropiante, dentro del respeto debido a la dignidad de las personas afectadas y a sus derechos reconocidos en la Constitución.

Así procede en justicia, que pido, en [LOCALIDAD], a [DÍA] de [MES] de [AÑO].

Interesado/a.

[FRIMA_INTERESADO/A]

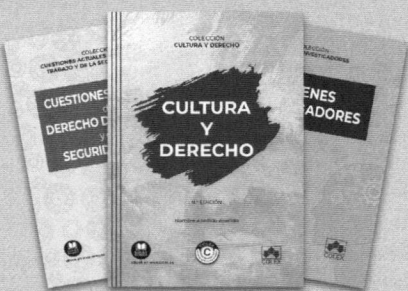